学术文库系列

国家自然科学基金青年项目（72302178）
中国博士后科学基金项目（2024M752600）
陕西省软科学项目（2025KG-YBXM-044）
西安交通大学人文社会科学学术著作出版基金
中央高校基本科研业务费专项资金资
Supported by “the Fundamental Research Funds for the Centra

战略联盟决策研究：

基于有限理性视角

章 芬 著

西安交通大学出版社
XI'AN JIAOTONG UNIVERSITY PRESS

图书在版编目(CIP)数据

战略联盟决策研究:基于有限理性视角 / 章芬著.
西安 :西安交通大学出版社, 2025.5. -- ISBN 978-7
-5693-3979-6

Ⅰ. F276.4

中国国家版本馆 CIP 数据核字第 2025NJ7872 号

书　　名　战略联盟决策研究:基于有限理性视角
ZHANLÜE LIANMENG JUECE YANJIU: JIYU YOUXIAN LIXING SHIJIAO
著　　者　章　芬
责任编辑　李逢国
责任校对　郭　剑
装帧设计　伍　胜

出版发行　西安交通大学出版社
(西安市兴庆南路 1 号　邮政编码 710048)
网　　址　http://www.xjtupress.com
电　　话　(029)82668357　82667874(市场营销中心)
(029)82668315(总编办)
传　　真　(029)82668280
印　　刷　西安五星印刷有限公司

开　　本　700mm×1000mm　1/16　　印张　11.25　　字数　189 千字
版次印次　2025 年 5 月第 1 版　　2025 年 5 月第 1 次印刷
书　　号　ISBN 978-7-5693-3979-6
定　　价　78.00 元

如发现印装质量问题,请与本社市场营销中心联系。
订购热线:(029)82665248　(029)82667874
投稿热线:(029)82664840　QQ:1905020073
读者信箱:1905020073@qq.com

序　言

在当今全球化和竞争日益激烈的商业环境中，企业面临着愈加复杂的决策情境。战略联盟作为企业应对市场不确定性、获取资源以及创新驱动的重要手段，逐渐成为众多企业战略中的关键组成部分。随着技术的迅猛进步和市场需求的多元化，企业通过构建多个战略联盟以形成联盟组合，共同应对挑战并提升竞争优势的现象愈发显著。然而，战略联盟的决策过程并非总是理性和高效的，许多企业在选择合作伙伴和制定联盟策略时，往往受到信息不对称、认知偏差和资源限制等因素的影响，从而导致决策的有限理性。

有限理性理论由赫伯特·西蒙提出，该理论强调个体在决策过程中由于认知和信息处理能力的局限，往往无法实现完全理性的选择。在战略联盟的背景下，有限理性视角为我们理解企业在复杂环境中如何制定合作决策提供了新的视角。企业决策者经常是非完全理性的，战略联盟决策的制定过程会受到企业在获取和处理信息能力方面的限制。因此，基于有限理性视角探析战略联盟决策的前因必要且有意义。本书旨在探讨有限理性如何影响企业在战略联盟中的决策过程，以帮助企业决策者更好地明晰决策过程，实现更加有效的战略合作。

战略联盟合作模式可以分为探索式合作和开发式合作，什么因素影响了焦点企业在组建联盟组合时对探索式合作和开发式合作的选择一直受到学者的广泛关注和重点研究。本书基于有限理性，探析了绩效反馈逆差和顺差对焦点企业联盟组合配置的影响。具体而言，本书的主要内容和创新点有以下几方面。

第一，构建了绩效反馈与联盟组合中双元合作选择关系的回归模型，并证实绩效反馈是影响焦点企业选择双元合作的关键因素。本书从功能维度和结构维度对双元合作进行了区分，分别提出并验证了绩效反馈逆差、顺差对双元合作选择的影响。实证分析结果表明，随着绩效反馈逆差、顺差差异程度的增大，焦点企业更倾向于选择功能、结构维度的探索式合作。不同于以往研究大多基于完全理性的视角探析影响联盟组合中双元合作选择的前因,本书从企业决策者有限理性的视角,基于企业行为理论,探析了绩效反馈对双元合作模式选择的影响。此外,不同于学者大多从单一维度对联盟组合中双元合作进行区分,本书同时探析了绩效反馈对与组建联盟决策最为相关的功能、结构维度分类时双元合作选择的影响。本书引入企业决策者是有限理性的前提假设,指出绩效反馈会影响焦点企业选择功能、结构维度的双元合作,为联盟组合中双元合作选择的前因研究提供了新的视角,通过交替比较、验证功能和结构两个维度的实证分析结果,更能够增强研究结论的准确性和可信度,丰富了绩效反馈影响功能、结构维度双元合作选择的不同理解,有助于深入探析“绩效反馈 - 联盟组合中双元合作选择”之间的关系。

第二,比较了绩效反馈逆差和绩效反馈顺差对联盟组合中双元合作选择的影响程度,并证实绩效反馈逆差比绩效反馈顺差对双元合作选择的影响程度更大。根据比较对象的不同,可以从社会比较和历史比较维度区分绩效反馈,本书提出并检验了社会比较和历史比较时绩效反馈逆差、顺差对企业选择双元合作模式的影响程度是否存在区别。研究结论显示,无论是基于社会比较还是历史比较,绩效反馈逆差比绩效反馈顺差对正向促进企业选择探索式合作的影响程度更大。已有研究少有探析绩效反馈逆差、顺差对企业战略决策制定的影响的区别,尚没有学者研究社会比较、历史比较时绩效反馈逆差、顺差对焦点企业选择联盟组合中合作模式的影响程度是否有区别。本书探析了企业面对不同方向的绩效反馈而做出战略决策的具体过程,研究结论为管理者在有限理性前提下制定战略决策提供了思路,企业决策者需要认识到同等程度的绩效反馈逆差相对于顺差而言经常被赋予更大的权重。研究结论拓展并丰富了绩效反馈和联盟组合重新配置关系的研究,进一步指出了不同方向的绩效反馈对企业的影响程度存在差异,这有助于深入地理解企业决策者面临不同方向绩效反馈时制定决策的过程。

第三,本书引入 CEO(首席执行官)过度自信作为调节变量,证实绩效反馈和焦点企业双元合作选择之间的关系受到 CEO 过度自信的影响。企业高管人员性格特质的研究经常难以进行,部分原因是数据采集困难,CEO 通常不愿意接受心理测试。本书使用文本分析方法计算了 CEO 过度自信的程度,探析了 CEO 过度自信作为调节变量对“绩效反馈 - 联盟组合中双元合作选择”关系的调节作用。研究结论显示,CEO 过度自信促进了绩效反馈逆差、顺差程度和焦点企业选择探索式合作之间的正向关系。现有研究在探析影响绩效反馈和组织战略行为之间关系的因素时,将管理者心理认知特质作为调节变量的文章极为有限。不同于以往研究,本书探析了 CEO 过度自信对"绩效反馈 - 联盟组合中双元合作选择"关系的调节作用。CEO 过度自信作为极为重要且稳健的管理者心理认知变量之一,可能会影响 CEO 对绩效反馈的理解,进而影响企业双元合作模式的选择。本书将 CEO 过度自信作为调节变量,为研究企业决策者在有限理性前提下面对绩效反馈进行联盟组合中双元合作模式选择的情境影响因素提供了新的视角和思路,弥补了现有研究中微观层面心理认知特质研究的不足,将高层梯队理论引入绩效反馈和联盟组合配置的相关研究中,拓展了联盟组合中相关研究的理论基础。

本书共分为九章内容,在前八章中,我们深入剖析了绩效反馈在战略联盟组合配置中的关键作用,揭示了在有限理性的框架下,企业如何根据绩效反馈调整其联盟策略。这些发现不仅增进了我们对企业行为模式的理解,也为战略联盟的决策提供了理论支持。在此基础上,最后一章将有限理性下的战略联盟决策研究延伸至特定的联盟类型——产学研联盟。产学研联盟对促进我国科技创新、加快打赢关键核心技术攻坚战极为重要。在有限理性的背景下,探析绩效反馈如何影响产学研联盟组合配置将进一步丰富战略联盟决策的理论框架,揭示企业在面对复杂决策时的行为模式和策略选择,为产学研合作提供更具针对性的实践指导。

在有限理性的视角下分析战略联盟决策是一个更加符合现实情境且充满挑战的领域。本书的出版,希望能够为该领域的研究者和实践者提供有价值的参考和启发,为学术界和实践界在战略联盟领域的理论构建和实务操作提供有益的启示和基于实证分析的建议。我们期待与读者共同探讨这一领域未来的发展方向,期待本书能够激发更多的学术讨论和实践创新。

章 芬

2025 年 5 月

目　录

第一章　绪　论

一、现实背景

随着全球经济一体化进程的加快，市场竞争日趋激烈，企业仅仅依靠自身无法获取可以支持企业可持续发展所需要的所有知识、技术和资源等，此时与其他企业合作组建多个战略联盟形成联盟组合日益成为企业的战略选择（Zhang et al.，2024）。联盟组合为企业进行探索创新提供了强有力的工具，焦点企业通过参与联盟组合可以获取维持企业发展所需要的多种资源，进行持续创新，进而维持企业的核心竞争力和长期可持续发展。尽管联盟组合能够有效提升企业的创新能力、竞争力和绩效，但是由于信息不对称、代理风险等不确定风险因素的存在，战略联盟本身的失败率很高且效果经常不明显（李健　等，2007）。焦点企业能否合理、有效地配置联盟组合对其可持续发展至关重要。

在研究企业管理者如何制定联盟组合决策时，学者和企业管理者们发现，焦点企业在组建联盟组合时如何选择探索式合作或者开发式合作，实现联盟组合中双元合作模式的合理配置是企业取得长期竞争优势、获取高绩效的关键（邓渝　等，2016；马丽　等，2019），双元联盟决策选择对于理解企业在复杂环境中如何优化资源配置具有重要意义。因此，本书将重点聚焦于双元联盟决策选择，探讨绩效反馈如何影响这一决策过程。通过揭示绩效反馈在影响企业双元联盟选择中的关键作用，深化对战略联盟决策的整体理解。

March（1991）最早将探索和开发的双元概念引入到组织层面，指出探索的核心在于区别化、承担风险、不断的实验、不确定性和创新等，而开发更注重的是深度提取、生产、效率、选择和执行等。企业根据实际情况选择合适的探索和开发战略，能够帮助自身取得长期发展和成功。例如：GKN（吉凯恩集团）是一家有着260多年历史的汽车零部件和航空航天材料制造商，而其最初是一家煤矿公司；

IBM(国际商业机器公司)是一家有着110多年历史的服务和咨询公司,其最初是一家机械办公设备制造商。当GKN和IBM在现有业务上的竞争优势、能力等下降时,企业根据自身能力和实际情形调整了双元战略,更多地进行探索创新,进而发展了新的竞争优势,保持了企业的高绩效和可持续发展。

随着双元研究的深入,学者在联盟研究领域中引入了双元理论,探析了联盟合作中的双元问题(何郁冰 等,2017)。从组织间联盟合作的视角来看,企业之间的联盟合作模式可以被分为探索式合作和开发式合作(杨伟明 等,2018)。基于不同维度,对探索式合作和开发式合作进行定义时所关注的问题和内容有着明显区别。例如功能维度的双元合作是根据企业组建的联盟在价值链中所发挥的功能进行区分的,结构维度的双元合作是基于企业联盟合作伙伴的特征进行区分的。企业在进行联盟组合配置时,若能够合理地选择探索式合作或者开发式合作,将有利于实现自身的战略目标;若不根据实际情形,过多地选择探索式合作或者开发式合作,将会影响企业维持竞争优势,不利于企业的长短期综合发展,不利于企业获取最大利益。例如,Yang等(2014)通过分析美国生物制药行业的数据,指出当小企业和大企业进行探索式合作时,小企业不仅面临着探索式合作本身的高风险,还面临着资源被大企业侵占的风险。考虑到小企业的资源较少,经常无法同时进行探索式合作和开发式合作,此时相对于探索式合作,开发式合作更有利于小企业的绩效。又如,美国软件行业的数据检验结果显示,若企业在合作过程中持续不断地搜寻新伙伴进行探索式合作来重新配置已有的伙伴关系,会导致企业的市场价值和净利润下降,此类单一地注重选择探索式合作模式会使得焦点企业拥有的资源、伙伴关系等不匹配,进而损害企业发展。再如,微软公司在1992年组建的25个联盟中,以探索创新为目的组建的联盟为24个;在1993年组建的32个联盟中,以探索创新为目的组建的联盟为27个;在1994年组建的50个联盟中,以探索创新为目的组建的联盟为45个。尽管微软公司在后续的联盟合作过程中增加了对开发式联盟合作的选择,例如在2000年组建的119个联盟中,以探索创新为目的组建的联盟为75个,其中以探索创新和目的开发利用已有资源为目的组建的联盟为39个,仅以开发利用已有资源为目的组建的联盟为5个;在2001年组建的63个联盟中,以探索创新为目的组建的联盟为43个,以探索创新和开发利用已有资源为目的组建的联盟为11个,仅以开发利用已有资源为目的组建的联盟为9个。对微软公司而言,企业较多地研发新产品、探索新领域影响了企业的长短期综合发展。20世纪初,微软开始受到一系列失败产品的困扰，如 Zune MP3、Windows Vista、Windows Phone 等，这在一定程度上影响了微软的声誉和绩效。

联盟合作中的探索式和开发式合作选择一直是战略领域研究的重点，选择合理有效的双元合作策略对企业的发展至关重要。但是，企业制定的战略经常像一个非理性的决策，究竟是什么因素影响了企业选择探索式合作和开发式合作呢？有学者指出，企业决策者经常是有限理性的，会受到获取和处理信息能力的限制，无法搜集全部的信息进而制定出合理的决策。企业决策者有限理性日渐成为联盟领域研究中的重要考虑因素，学者呼吁在研究联盟组合的相关问题时，需要更多地考虑企业决策者是有限理性的前提假设。综上，本书基于有限理性的视角，探析了影响焦点企业在进行联盟组合配置时选择探索式合作和开发式合作的因素，以期能够帮助企业更清晰地认识到双元合作选择的前因，从而能够制定出更加合理有效的战略决策，实现企业长期可持续发展。

二、理论背景

（1）联盟组合中探索式和开发式双元合作选择对于焦点企业来说至关重要。基于投资组合视角，企业从其联盟投资组合中获得的整体利益将会超过其从每个联盟中获得的单个利益之和。组建单一联盟经常无法满足企业所需要的多种资源，企业越来越多地通过组建联盟组合获得生存和发展的机会，尤其是在一些高科技行业，例如计算机硬软件、通信技术、电子科技、航空运输等行业，联盟组合更成为企业战略决策的重要手段和关键途径。联盟组合现象成为战略领域研究的重点和热点，受到了学者的广泛关注（付丙海　等，2015；杨伟明　等，2018）。探析影响焦点企业联盟组合配置的因素是联盟组合研究的重点问题，其中，焦点企业在联盟组合中如何选择探索式和开发式双元合作模式对企业的生存和发展极为关键，受到越来越多的学者关注（付丙海　等，2015；杨伟明　等，2018）。探索式合作和开发式合作是企业适应多变且复杂的环境外部、提高自身学习能力、获取核心竞争力的重要手段（焦豪，2011；孟卫东　等，2018）。在联盟组合中，合理配置探索式合作和开发式合作，选择适合企业内外部特征的双元合作模式能够帮助企业同时兼顾短期利益和长期利益，最大限度地发挥资源作用，提升企业财务绩效，促进企业可持续发展。

已有研究在区分联盟领域的探索式合作和开发式合作时，指出基于不同维度在对探索式合作和开发式合作进行区分时，学者关注的问题和内容有着明显区别。从功能维度或者结构维度对双元合作模式进行分类是目前使用最为广泛且有效的划分手段，与组建联盟的决策最为相关。综上所述，焦点企业在进行联盟组合配置时对探索式和开发式双元合作的选择对企业的生存和发展极为关键，受到了学术界的广泛关注。已有研究指出，基于不同维度对探索式合作和开发式合作进行区分时，学者关注的问题和内容有着明显区别，学者开始基于不同维度对联盟中的双元合作模式进行分类。

（2）基于有限理性视角探析影响联盟组合配置的前因开始受到学术界的关注。探析影响联盟组合配置的前因能够帮助企业更好地制定适合自身的发展战略，促进企业可持续发展（韩炜　等，2018）。在探析联盟组合配置的前因变量时，已有研究大多基于企业决策者是完全理性的视角，探析了企业内部特质和外部环境特质对联盟组合配置的影响（Wassmer，2010）。在现实情境中，企业决策者经常是有限理性的，行为驱动因素和企业决策者的主观特质等也会影响联盟组合配置的相关战略决策（Kavusan et al.，2019）。学者呼吁在研究联盟组合配置的相关问题时，需要更多地考虑企业决策者是有限理性的前提假设。基于企业行为理论，对企业实际绩效和预期绩效的差异如何影响企业联盟组合配置开始受到学术界的关注。有学者指出，当企业的实际绩效低于预期时，企业更倾向于扩大联盟组合的规模，Kavusan 等（2019）指出绩效反馈差异以及企业拥有的冗余资源会影响企业重新配置联盟组合的决策。综上所述，学者开始认识到企业决策者经常是有限理性的，并基于企业决策者是有限理性的视角，对影响焦点企业联盟组合配置的因素进行了积极的研究和探析，以期能够拓宽已有的理论视角，深入了解影响联盟组合配置的因素。

（3）管理者心理特质在企业战略决策制定研究中的关注度提升。大量研究表明，管理者尤其是 CEO 的心理特质、偏好等会影响企业的战略决策，例如合作、创新和兼并等行为（于长宏　等，2018）。在探析组织实际绩效和预期绩效的差异对企业战略行为的影响时，Shinkle（2012）呼吁更多地探析管理者心理认知变量对绩效反馈和组织战略行为关系的调节作用，Bollaert 等也指出未来的研究应该更多地探析管理者心理认知变量对企业战略决策的影响（Bollaert et al.，2010；Wong et al.，2017）。

其中，过度自信作为最有意义和最稳健的心理变量（邓路　等，2016），广泛作用于企业战略决策制定的过程（张明　等，2019）。作为最具代表性的高层管理人员，CEO 过度自信的心理特质受到了学者的广泛关注和重点研究（张明　等，2019）。

已有研究在探析 CEO 过度自信对企业进行探索式和开发式双元行为的影响时，有学者指出过度自信的 CEO 经常低估组织行为风险，高估组织行为收益，对结果过度乐观，因此更倾向于进行更多的探索式行为，承担更多的风险。有学者指出，CEO 过度自信会加重企业的探索式创新和开发式创新战略选择的不平衡程度，但是其并没有指出过度自信对探索和开发双元战略的偏向方向的影响。有学者基于探索式和开发式行为互为对立的视角，通过构建数理模型，研究了过度自信的管理者对企业的探索式创新战略和开发式创新战略的影响，指出过度自信的程度越高，企业越倾向于选择探索式创新战略，而减少选择利用式创新战略（于长宏　等，2018）。从企业层面来看，探索式创新和开发式创新是可以同时并存的，过度自信和双元战略选择之间的关系仍需要现实数据的进一步验证。已有研究表明，管理者心理特质会影响企业战略决策制定的过程，并针对 CEO 过度自信的心理特质对企业选择、均衡探索式和开发式双元战略行为的影响进行了积极探索（于长宏　等，2018），以期能够得到更加符合现实情境的研究结论。

三、已有研究评述

联盟组合作为焦点企业保持核心竞争力的重要手段之一，其相关研究受到了当今学术界的广泛关注。焦点企业在联盟组合中如何选择探索式和开发式双元合作模式对企业的生存和发展极为关键，受到越来越多学者的关注（付丙海　等，2015；杨伟明　等，2018）。在联盟组合中合理配置探索式合作和开发式合作，能够帮助企业更大限度地发挥资源作用，促进企业的可持续发展。现有研究在探析影响联盟组合中双元合作选择的前因变量时，笔者认为在以下三个方面存在不足之处。

（1）影响联盟组合中功能、结构维度的探索式和开发式双元合作选择的前因研究不足，少有研究从企业决策者并非完全理性的视角进行分析。焦点企业在联盟组合中如何选择探索式和开发式双元合作对企业的生存和发展极为关键，一直受到学者的广泛关注和重点研究。第一，现有的针对影响联盟组合中双元战略选择的前因研究中，学者们指出合作网络中的位置，网络联结中的强关系和弱关系，联盟组合中的资源识取和资源配用过程（孟卫东　等，2018），焦点企业管理联盟组合的能力（杨伟明　等，2018），联盟网络中直接、间接联结以及联结的冗余度，合作伙伴之间技术距离、网络中心度和合作网络的密度，企业自身的特质等（曹兴　等，2017）均会影响焦点企业对联盟组合中探索式和开发式双元战略的选择。在已有的探析影响联盟组合中双元战略选择的前因研究中,学者大多假定企业决策者是完全理性的,但是,组织管理者并非是完全理性的。基于企业行为理论,企业决策者在制定战略决策时是有限理性的,会受到获取和处理信息能力的限制,无法搜集全部的信息并且做出最为精准的决策(Cyert et al., 1963)。在探析影响企业联盟组合中探索式和开发式双元合作选择的前因因素时,尚没有学者从有限理性的视角出发,基于企业行为理论研究绩效反馈对焦点企业在联盟组合配置中选择探索式和开发式双元合作模式的影响。第二,在探析影响联盟组合中双元合作模式选择的前因时,学者指出环境不确定性会引起探索式合作,或者开发式合作,又或者两者兼有,又如公司规模会促进探索式合作或者开发式合作等。本书认为,造成研究结论不一致的重要原因之一是,目前学者在研究联盟组合中双元合作模式选择时,大多从单一维度对探索式合作和开发式合作进行了区分(Choi et al., 2018)。学者指出,基于不同维度对探索式合作和开发式合作进行定义时,关注的问题和内容有着明显区别,并且已有研究在区分双元合作时,考虑的均为功能维度或者结构维度,从功能维度或者结构维度对双元合作模式进行分类是目前使用最为广泛且有效的划分手段,与组建联盟的决策最为相关。

综上,为了弥补上述研究空白,有必要基于企业决策者有限理性的视角,探析绩效反馈怎样影响焦点企业配置功能、结构维度的探索式和开发式双元合作联盟。

(2)缺乏研究社会比较、历史比较的绩效反馈逆差、顺差对企业选择双元合作模式的影响和区别。尽管企业行为理论指出,不同方向的绩效反馈对企业战略决策制定有不同的影响,但是现有研究中仍然缺乏分别探析绩效反馈逆差和绩效反馈顺差对企业的影响,尚没有学者研究社会比较、历史比较时绩效反馈逆差、顺差对焦点企业选择联盟组合中合作模式的影响程度是否有区别。已有的研究在探析绩效反馈逆差、顺差对企业的影响时,结论仍不一致,需要进一步探析。Klueter 等(2017)研究了绩效反馈逆差、顺差对跨国公司进行边界跨越行为的影响,本书在研究不同方向绩效反馈对跨国公司跨越边界行为的影响时,将绩效反馈逆差和顺差的影响强度看作是一致的,并没有进一步探析绩效反馈逆差和顺差对企业的影响程度是否存在区别。Kim 等(2015)在探析社会比较和历史比较时绩效反馈逆差、顺差和企业兼并行为的关系时,指出社会比较和历史比较时的绩效反馈对企业有不同的影响。其中,就社会比较而言,绩效反馈逆差对企业的影响程度更大,企业更有可能采取兼并行为;就历史比较而言,绩效反馈顺差对企业的影响程度更大。不同的学者给出了不同的结论：Mishina 等(2010)在研究绩效反馈对企业违法行为的影响时，指出社会比较时的绩效反馈顺差对企业影响更大，企业倾向于承担更多的风险；Greve(1998)指出无论是基于社会比较还是历史比较，绩效反馈逆差对企业的影响程度都会更大，会增加企业进行战略变革的可能性；Lant 等(1992)也指出绩效反馈逆差对企业的影响程度更大。

综上所述，已有研究基于企业行为理论指出了绩效反馈会影响企业战略决策制定，但是较少有学者探析绩效反馈逆差和绩效反馈顺差对企业差异性的影响，且已有的研究在探析社会比较和历史比较时，在不同方向的绩效反馈对企业进行战略变革的影响程度的大小方面，尚没有一致的结论。尚没有学者研究社会比较、历史比较时绩效反馈逆差、顺差对焦点企业选择联盟组合中合作模式的影响程度是否有区别。基于此，有必要分别从社会比较和历史比较维度探析绩效反馈逆差、顺差对企业组建联盟组合时选择探索式合作和开发式合作模式的影响，并且进一步探析、比较不同方向的绩效反馈对企业影响程度的差异。

(3)忽视了 CEO 过度自信对绩效反馈和联盟组合中探索式和开发式双元合作选择之间关系的影响作用。在绩效反馈的研究领域中，企业绩效预期水平的制定在很大程度上受到企业决策者心理认知因素的影响。心理认知特质在战略决策制定中发挥着重要作用，企业决策者的认知特质会影响现阶段的战略行为。有学者指出，心理认知特质通过影响管理者制定决策的过程来调节绩效反馈和战略决策制定之间的关系。但是，在研究影响绩效反馈和战略决策制定之间关系的因素时，Shinkle(2012)指出，将心理认知特质作为调节变量的文章极为有限，呼吁更多地探析管理者心理层面的变量对绩效反馈和组织战略行为之间关系的影响。有研究指出未来的研究应该更多地探析管理者心理层面的变量。

近年来，在战略领域引入 CEO 心理特质的研究热度日益增加。CEO 过度自信作为最有意义和最稳健的心理变量，受到了学者的广泛关注和重点研究(邓路　等，2016；张明　等，2019)。已有研究在探析 CEO 过度自信和企业进行探索式和开发式双元行为之间的关系时，有学者指出过度自信的 CEO 经常低估组织行为风险，高估组织行为收益，对结果过度乐观，因此更倾向于进行更多的探索式行为，承担更多的风险；有学者指出 CEO 过度自信会加重企业的探索式创新和开发式创新战略选择的不平衡程度，但是其并没有指出过度自信对探索和开发双元战略的偏向方向的影响。

综上所述，基于学者指出的心理认知特质通过影响管理者制定决策的过程来调节绩效反馈和战略决策之间的关系，企业绩效反馈和探索式、开发式双元合作选择之间的关系极有可能受 CEO 过度自信的影响，但是目前尚没有学者将 CEO 过度自信作为调节变量，探析其对绩效反馈和联盟组合配置之间关系的调节作用。为了弥补此处的研究空白，有必要将 CEO 过度自信作为调节变量，探析其对绩效反馈和联盟组合中探索式和开发式双元合作选择之间关系的影响。

四、研究问题

联盟组合中的探索式合作和开发式合作是企业适应多变且复杂的外部环境，提高自身学习能力，获取核心竞争力和绩效的重要手段（焦豪，2011；孟卫东　等，2018）。焦点企业对于联盟组合中探索式和开发式双元合作的选择一直是联盟领域研究的重要主题（付丙海　等，2015；杨伟明　等，2018），受到了学术界的广泛关注和持续研究。无论是基于现实应用价值，还是基于理论研究价值，研究影响联盟组合中双元合作选择的前因都显得至关重要，合理有效配置探索式合作和开发式合作能够帮助企业同时获取短期利益和长期利益，促进企业可持续发展，若是一味地进行探索式合作或者开发式合作，则会使得企业陷入困境，走向失败。

已有的文献在研究焦点企业选择联盟组合中探索式和开发式战略的前因时，学者几乎基于企业决策者完全理性的视角进行了分析。但是，在现实情境中，企业决策者经常是非完全理性的，企业决策者在制定战略时会受到获取和处理信息能力的限制，无法搜集全部的信息并且做出最为精准的决策。此时，企业决策者经常会对制定战略的过程进行简化，例如通过关注较为重要的组织目标，比较实际绩效和组织预期绩效的差距（即绩效反馈）来制定联盟组合配置的相关战略决策。学者呼吁在研究联盟组合的相关问题时，更多地考虑企业决策者是有限理性的前提假设（Kavusan et al.，2019）。基于企业行为理论，探析企业绩效反馈影响企业战略行为的研究在学术界受到的关注度日益提升，尽管学者指出绩效反馈会影响企业的联盟合作行为（Makarevich，2018），但是实际绩效和预期绩效的差异怎样影响焦点企业进行联盟组合配置时选择探索式和开发式双元合作的过程尚不明确。此外，不同方向的绩效反馈逆差、顺差对联盟组合中双元合作选择有何差异性影响，什么因素影响了绩效反馈和双元合作选择之间的关系等问题均需要进一步探析。综上所述，针对目前的研究现状，本书基于企业行为理论、资源基础理论、组织双元理论和高层梯队理论，研究了社会比较、历史比较时焦点企业绩效反馈逆差和顺差对联盟组合中功能、结构维度双元合作选择行为的影响，并将

CEO 过度自信作为情境影响因素纳入“绩效反馈 - 联盟组合中双元合作选择”的分析框架中，着眼于解决以下三个具体问题。

(1)绩效反馈怎样影响联盟组合中的探索式和开发式双元合作选择。联盟组合中探索式和开发式双元合作模式配置一直受到学者的广泛关注和重点研究，为了响应学者呼吁的进一步从企业决策者有限理性的视角探析联盟组合配置的前因研究(Kavusan et al., 2019)，以及从社会维度、历史维度等不同维度探析绩效反馈和企业战略制定之间的关系，考虑到基于功能维度和结构维度区分探索式合作和开发式合作时，学者关注的问题和内容有着明显区别，本书基于企业行为理论，并结合资源基础理论，探析了社会比较、历史比较时绩效反馈逆差和顺差对焦点企业选择联盟组合中探索式和开发式双元合作的影响，并从功能维度和结构维度对探索式合作和开发式合作进行了分类。其中，功能维度的双元合作根据企业组建的联盟在价值链中所发挥的功能进行区分，而结构维度的双元合作基于企业联盟合作伙伴的特征进行了区分。本书丰富了绩效反馈逆差、顺差对于联盟组合中双元合作选择行为影响的理解，有助于进一步深入探析“绩效反馈 - 联盟组合中双元合作选择”之间的关系。

(2)绩效反馈逆差、顺差对企业双元合作选择行为的影响程度是否有区别。学者在研究企业面对不同方向的绩效反馈而采取战略行为时，缺乏研究绩效反馈逆差和绩效反馈顺差对企业制定战略影响的比较分析。尽管有学者指出不同方向的绩效反馈对企业战略制定有不同的影响，但是已有研究中仍然缺乏探析绩效反馈逆差和绩效反馈顺差对企业的影响及差异比较(Posen et al., 2018; Kavusan et al., 2019)，尚没有学者研究社会比较、历史比较时绩效反馈逆差、顺差对焦点企业选择联盟组合中合作模式的影响程度是否有区别。基于此，本书响应了 Klueter 等(2017)呼吁更多地探析绩效反馈差异对企业战略决策制定过程的影响，进一步探析了社会比较、历史比较时绩效反馈逆差和顺差对企业在进行联盟组合配置时选择功能、结构维度的双元合作的影响程度是否有区别。

(3)CEO 过度自信怎样影响绩效反馈和焦点企业双元合作选择之间的关系。已有研究在探析绩效反馈对企业进行联盟合作行为的影响时，有学者指出绩效反馈逆差促进了企业的合作倾向，也有学者指出绩效反馈逆差减少了企业的合作倾向。鉴于绩效反馈和企业战略行为之间的复杂关系，学者们呼吁进一步探析影响绩效反馈和企业联盟合作行为之间关系的情境因素。Shinkle(2012)呼吁更多地探析管理者心理层面的变量对绩效反馈和组织战略行为之间关系的影响，Wong

等也指出未来的研究应该更多地探析管理者心理层面的变量。过度自信作为最有意义、最稳健的心理变量(邓路　等,2016),广泛作用于企业战略制定的过程中(张明　等,2019)。CEO 作为最具代表性的高层管理人员,CEO 过度自信受到了学者的广泛关注和重点研究(张明　等,2019)。学者指出心理认知变量经常通过影响管理者在企业战略制定的过程来调节绩效反馈和战略决策之间的关系,因此,企业绩效反馈和联盟组合中探索式和开发式双元合作选择的关系极有可能受到 CEO 过度自信的影响,但是尚没有学者将 CEO 过度自信作为调节变量,探析其对绩效反馈和联盟组合中双元合作选择之间关系的调节作用。本书基于企业行为理论、资源基础理论、组织双元理论和高层梯队理论,将 CEO 过度自信作为调节变量,探析了 CEO 过度自信的心理特质对“绩效反馈 - 联盟组合中双元合作选择”之间关系的调节作用。

第二章　理论基础

一、有限理性视角

与传统经济理论中的“经济人”假设不同,有限理性是指个人和组织在理性决策时受到不完全信息和知识处理能力的限制(Cohen et al., 2019)。由于能力和信息的有限性以及问题的复杂性和不确定性,管理者经常无法制定完全理性的战略决策(Pavicevi et al. ,2021)。有限理性文献长期以来认为,复杂的战略决策,如联盟组合配置、研发联盟相关决策和风险承担行为(Schumacher et al., 2020),很大程度上是基于有限理性而非基于经济价值最大化的理性计算。

决策制定过程是一项复杂而艰巨的任务,需要广泛搜集信息和知识,并进行大量的认知处理(Weber et al., 2020)。然而,决策者常受限于有限理性:他们所拥有的信息、知识和注意力是有限的。由于这些限制,管理者往往将满意水平设定为愿望,而不是追求最佳解决方案。在面临复杂决策时,由于人类能力和计算速度的限制,管理者常常试图减少信息占有的时间和精力,并采用类似的方法,如依靠启发式来组织信息的子集。绩效反馈作为一种重要的行为启发法,反映了期望水平与实际绩效之间的比较,已被证明能够影响战略决策。

此外,尽管启发法可能有助于决策制定,但也可能导致判断中的系统性错误。企业对启发法的反应从根本上取决于决策者如何解释组织情况,而不是对信息的客观评价。考虑到决策者对信息的主观解读受到其认知能力的限制,认知偏差可能会无意识地扭曲管理者的信息解读,进而影响企业对信息的反应(Foss et al., 2016)。在基本归因错误、自我服务偏差和确认偏差等认知偏差中,过度自信作为“最显著的认知偏差”,已经被广泛认为在管理者对组织情境的解释中起着重要的作用(Schumacher et al., 2020)。

鉴于决策者通常具有有限理性和可能存在偏见,因此研究组织如何减轻有限理性可能带来的潜在不利影响非常重要(Cohen et al. , 2019)。尽管有大量关于有限理性的研究,但在现有的文献中,减弱有限理性的潜在手段仍然鲜有探讨(Pavicevi et al. ,2021)。面对决策者的有限理性,我们认为,在决策过程中,帮助企业获取更多信息并抑制决策者认知偏差的努力将有助于削弱有限理性的发挥,从而有助于管理者做出高质量的决策。

二、企业行为理论

(一)理论概述

企业行为理论是研究企业行为和管理的重要理论之一,对组织理论、战略管理的邻近领域研究产生了巨大的影响。根据企业行为理论,企业基于可测量的指标来建立企业的目标和期望水平,指标包括财务绩效、销售额、创新绩效和生产指标等。企业制定的预期水平代表了企业认为自身发展态势良好时能够接受的最低标准,企业决策者通过比较企业的实际绩效水平和制定的预期水平之间的绩效反馈来制定组织战略决策。企业决策者大多基于历史比较和社会比较来衡量绩效反馈,学者通常将企业与自身比较和与其他企业比较分别称为历史比较和社会比较。在企业行为理论发展初期,March 等根据实际绩效和预期绩效的差异将组织绩效反馈划分为成功或者失败。随着企业行为理论的进一步发展,学者将绩效反馈差异处理为连续变量。

基于历史比较维度,企业通过汲取过去的知识与经验,构建合适的组织期望水平。在与其他组织的比较差异处于基本稳定状态时,组织基于历史绩效来确立期望水平。企业决策者通过比较组织目前绩效和历史绩效来决定企业未来的战略行动。组织采取战略变化时需要承担风险,通常情况下组织是风险规避的,希望能够承担较小的风险来达到期望水平。实际绩效和预期绩效之间绩效反馈顺差、逆差以及差异值的大小影响了企业的战略决策。从社会比较的角度来说,组织期望水平的制定需要与类似组织进行比较(Cyert et al. , 1963)。从组织层面来说,企业管理者会寻找与自身类似的组织群体,通过与这些群体进行比较制定自身的期望水平。无论是基于历史比较还是社会比较,实际绩效没有达到预期水平时会促使企业进行问题搜索,采取一系列的组织变革来改变绩效困境。与之相反,如果实际绩效水平高于预期水平,一方面,企业会规避风险,减少战略行为,从而保持较好的业绩趋势;另一方面,企业会使用其多余的资源来尝试较有风险的基于资源搜索的战略行为（Schillebeeckx, et. al, 2016）。

（二）理论启示

焦点企业联盟组合中探索式和开发式双元合作模式的配置对于企业发展来说至关重要，在研究影响焦点企业选择双元战略的前因时，学者多数基于企业完全理性的假设，探析了联盟网络的联结模式、联盟网络的结构，主要涵括网络密度、中心度和结构洞，企业自身的特质如企业自身的知识状态、资源柔性和能力柔性（曹兴　等，2017），获取知识、企业在合作网络中的中心位置、强关系和弱关系、联盟组合中资源识取（包括资源识别和资源获取、资源配用的过程）（孟卫东　等，2018）以及焦点联盟组合管理能力（杨伟明　等，2018）等因素对焦点企业进行联盟组合配置时选择探索式和开发式双元战略的影响。但是，不同于以上学者的假设，企业经常是非完全理性的，有限理性需要被更多地引入联盟组合配置的前因变量的分析之中（Kavusan et al. , 2019）。基于企业行为理论，企业决策者在制定战略决策时经常是有限理性的，会受到获取和处理信息能力的限制，而无法搜集全部的信息并且做出最为精准的决策，企业决策者会采取不同的行为方式对制定战略决策的过程进行简化，例如通过关注较为重要的组织目标来制定企业的战略决策。在探析焦点企业选择联盟组合中探索式和开发式双元合作的前因时，基于行为理论，从企业决策者为有限理性的理论视角探析联盟组合中双元合作的前因很有意义。

三、资源基础理论

（一）理论概述

根据资源基础理论，企业是由一系列的资源组成的集合。在战略管理领域，运用资源来获取可持续竞争优势是重要的研究主题（Barney, 1991），基于企业的竞争优势是建立在企业拥有资源的基础上的。Barney（1991）指出了两个前提假设：一是企业的异质性来源于企业所控制的战略资源；二是这些资源在企业中间不是随意流动的，这样才可以维持企业的异质性。企业通过采用能够充分利用内部资源和应对外部机遇的战略，帮助其规避内部弱势和抵御外界威胁，进而促进其可持续发展。能够帮助企业获取可持续竞争优势的资源必须具有四个特征，分别是：①有价值。有价值是指该资源能够促进企业的竞争优势或者可持续竞争优势。②稀缺性。一个大多数企业或者潜在的竞争者都拥有的资源是无法成为企业的稀缺资源的。③不可模仿性。当企业处于特殊的历史情形、企业的资源和可持续竞争优势之间的关系不明确或者过度复杂时,企业的资源优势是难以模仿的。④不可替代性。不可替代性是指没有类似的可以互相替代的其他资源,如果很多企业拥有有价值的可替代的资源,那么这些资源也无法保持可持续的竞争优势。资源基础理论的基本原理强调的是通过合理地配置和利用资源来达到企业效益的最大化,企业需要时刻通过组合配置资源来使得资源被最优化运用。只有当一个企业可以实施其他企业无法实施但是可以创造企业价值的战略行为时,才可以获取竞争优势,其他企业无法采取同样战略的重要原因之一就是受制于其所拥有的资源。有价值、稀缺、不可模仿、不可替代的资源是企业获取相对竞争优势的重要保证(Wassmer et al., 2017)。

在研究战略联盟时,鉴于战略联盟可以帮助企业通过联盟合作获得其他企业拥有的有价值的资源,多个联盟组成的联盟组合更能够帮助焦点企业获取重要资源,进而完成战略目标(Wassmer et al., 2017)。当企业受制于自身资源以及外部环境的限制而无法获取维持核心竞争力的有价值资源时,联盟成为可以帮助企业获取资源的重要的战略行为之一。企业进行联盟合作主要出于两种原因,分别是:①获取资源。进而可以更好地克服挑战,获取可持续发展优势。②充分利用资源。通过整合自身和其他资源,实现自身资源被更充分地利用。

企业可以通过不同的战略行为获取资源,包括联盟和兼并等,这都是企业获得其他企业所拥有的有价值资源、获得可持续竞争力的有效手段。通过对已有研究的归纳分析,本书认为,在以下情形下,企业更倾向于通过合作来获取企业所需要的资源。①当焦点企业仅想获取其他企业拥有的部分资源时,相比较于兼并,联盟是更合适的选择。②就资源、资产的特殊属性而言,若可能被收购企业的资产具有资产特定性,则企业在处理低价值及冗余资源时会承担损失。在这种情况下,进行兼并行为会产生资源浪费,进行联盟合作可以帮助企业仅获取其所需要的资源,避开不需要的资源消耗,进而实现资源利用的最大化。联盟合作可以帮助企业规避资源浪费,获得所需资源。③企业所在行业的人力资产密集度高度专业化时,企业更倾向于进行合作。因为企业无法像控制固定资产那样控制专门的人力资源,人才是可以自由流动的。在人力资源高度专业化的行业中,企业想要取得可持续发展,需要投入更多的资源在人才培养上,选择联盟可以使企业在使用专业化人力资源的前提下拥有更大的选择自由度。④外部环境影响企业的战略选择。当外部环境的技术不确定性更高、行业集中度更高时,企业更倾向于选择联盟。当外部环境技术变革难以预测时,兼并等行为而产生的持久关系会更有风险,而联盟伴随的较为松散的且可以逆转的特点使得联盟成为更合理的选择。⑤当行业集中度较高时,采用兼并等行为可能会限制企业的收益,因为行业集中度的降低与规模、范围经济相关联,兼并会获得相对更大的收益。随着集中度的升高,市场竞争更为激烈,市场中的已有企业在不承担兼并成本的前提下进行联盟合作相对有利,学者的研究也表明,行业高度集中的情况下,兼并收购的概率更小。

企业可以通过合作保持并充分利用资源。通过整合自身和他人的资源从而达到保留、发展和充分利用自身资源的目的。不同于获取资源,保留资源是指企业能够确保本企业的有价值资源始终在本企业(Das et al., 2000)。为了维持企业的可持续发展,企业可能希望持有一些现阶段无法很好运用的有价值资源,并且能够充分利用这些资源(Ref et al., 2017)。例如,在有些情况下,为了更好地进行创新,获得可持续竞争优势,企业雇用了较多的科研人员,但是在现阶段却是供过于求。而企业并不想解雇这些有潜在价值的科研人员,可以通过合作将本企业的人力资源和其他企业的财务、实体资源等相结合,这样既保留了自身资源又充分发挥了资源的作用。Nelson 等(1982)指出,为了防止企业拥有的技术能力因长期闲置而衰退,企业需要通过参与联盟来不断巩固已有的技术,以便能够熟练地长期持有这项技术。相比较于并购战略,联盟给企业提供了更大的选择余地,使得企业能够在保有未来战略部署中可能会用到的资源的前提下,在现阶段充分发挥这些资源的价值。

综上所述,企业进行合作的动因是为了和其他企业更好地集聚、分享、交换已有的有价值的资源,进而通过资源的整体配置组合实现最优的价值回报。企业参与联盟一方面可以从其他伙伴处得到有价值的资源,另一方面可以充分地保有自身资源并充分利用现阶段可能闲置的资源。其中,获取资源和现阶段战略目标相关,而保留资源则与长期可持续发展的战略意图密切相关。总之,获取资源和充分利用资源这两种参与联盟的动机都很重要,它们能够帮助企业持续获得有价值的资源,培养企业核心竞争力,保持企业可持续发展。

(二)理论启示

在探析绩效反馈逆差、顺差和联盟组合中双元合作选择的关系时,企业行为理论指出了当企业的实际绩效不同于预期绩效时，企业会为了改变绩效反馈逆差或者维持绩效反馈顺差而制定相应的战略决策。但是，根据企业行为理论提出的绩效反馈和企业承担风险倾向的逻辑解释企业双元合作选择行为，欠缺对探索式合作和开发式合作的深入探析。在此基础上，资源基础理论可以更好地解释绩效反馈对联盟组合中双元合作选择行为的影响。

探索式合作和开发式合作会影响企业获取不同的资源、知识和能力，企业通过探索式合作可以获取新技术、研发新产品、提升突破式创新能力，通过开发式合作可以深度挖掘已有的知识能力，进一步优化已有产品，将技术产品化。学者指出，整合企业行为理论和资源基础理论进行研究具有很大的潜在价值（Ref et al.，2017），并呼吁在未来的研究中更多地结合企业行为理论和资源基础理论，进而能够更好地理解组织战略制定的过程。

四、组织双元理论

（一）组织双元的概念

组织双元的核心概念是探索（exploration）和开发（exploitation），选择探索新知识、新领域还是开发利用已有的知识资源一直是学术界探讨的重点和热点，学者从不同的角度探讨了探索和开发的定义（Hao et al.，2018）。

就组织探索和开发的目的而言，探索是为了创造出新知识和新能力，进而提升企业的探索能力；而开发则是对现有知识的进一步的拓展和应用，进而提升企业的开发能力。March（1991）最早将探索和开发的双元概念引入组织层面，指出探索的核心在于区别化、承担风险、不断试验、不确定性和创新等，开发更注重深度提取、生产、效率、选择和执行等。Levinthal 等（1993）对探索的概念进行了进一步的补充，指出探索是探索新知识的过程，而开发则是对已有知识的挖掘和利用。He 等（2004）认为探索和开发均涉及学习和创新，但是表现形式不同（Gupta et al.，2006）。他们认为，探索与组织的结构、松散的连接系统、突破式的路径探索、较为不规律的结构、新技术以及新兴市场等密切联系，是为了进入新的市场领域。而开发则与较为固化的结构、紧密排列的系统、路径依赖、常规化操作、官僚主义以及平稳的市场环境相联系，是为了提升企业在现有市场领域的绩效表现。就组织探索和开发过程中运用的知识新旧特质而言，学者给出了不同的定义。一些学者将涉及学习新知识和新技术的过程定义为探索，而将不改变学习途径而使用原有知识的过程定义为开发。就企业合作伙伴类型而言，Rotheaermel（2001）等根据企业合作伙伴类型来界定探索和开发，他们将企业与处于价值链上游的伙伴进行合作归结于探索式合作，而将企业与价值链下游伙伴合作归结于开发式合作。

（二）组织双元的不同视角分析

在探析企业进行探索式行为和开发式行为的双元选择时，学者从不同的理论视角进行了分析。

基于企业利益最大化的视角来看，探索式行为和开发式行为的选择和均衡是企业基于内外部特质实际情况，通过理性考量后做出的决策。企业会根据自身拥有的资源、能力以及外部情境特征等选择相应的探索式或者开发式行为，从而能够更好地获取互补性资源，减少不确定性，开拓新市场，提升绩效。例如，当小型企业和大型企业合作面临进行探索式还是开发式合作的选择时，即使小型企业知道进行探索式合作能够发现新机遇、建立新的竞争力，从而更好地适应环境，进行开发式合作能够通过跨组织边界更好地利用已有资源，但是受限于小型企业自身资源有限，其经常难以权衡双元合作战略，并且小型企业本身的议价能力较低，影响了联盟合作中能够获得的价值收益，不平衡的议价能力使得大企业经常会占据更大的利益。因此，从理性的视角分析，即使探索式合作可以为小型企业创造更多的价值，但是由于小型企业自身的资源和议价能力有限，开发式合作在一定条件下成为更为合适的联盟策略。企业需要理性选择最为合适的合作伙伴，从而促进双元合作的成功和绩效的提升。合作伙伴以及合作模式选择的不匹配经常会导致合作失败，损害企业收益（Krammer, 2018）。

从组织学习的视角看，探索式学习和开发式学习是企业适应多变且复杂的外部环境，提高自身学习能力，获取核心竞争力和绩效的重要手段（Hao et al., 2018；焦豪，2011；孟卫东　等，2018），相对于开发式学习，探索式学习绩效较不确定，在短期内见效较慢且风险较大，而开发式学习则回报较确定、短期内见效较快。探索式和开发式行为的关键区别在于是研发新产品、开发新技术还是进一步深入开发已有技术（March，1991）。投入较多的资源、时间探索新的技术、产品时会在一定程度上降低对现有资源的利用程度，同样，如果将过多的精力放在对已有产品的开发利用上，同样无法发挥企业资源的最佳效用。无论是从个人层面、组织层面还是社会整体层面来看，企业的知识、资源、精力等有限，很难做到很好地权衡双元行为,提高企业绩效,实现企业目标。企业要清楚地认识到,选择可持续发展项目可能会在一定程度上影响短期收益,对企业短期内有效的学习方式不利,也可能不利于企业长期发展,若不能处理好探索式学习和开发式学习的平衡关系,则会导致企业既不能很好地在现有领域充分获取利益,也不能有效地探索新领域、新知识,获取长期利益。因此,为了兼顾长期和短期综合发展,企业需要兼顾探索式学习和开发式学习。均衡好探索式学习和开发式学习能够帮助企业同时兼顾短期利益和长期利益,促进企业的可持续发展。

从组织形式和技术演化的视角看,在不断变化发展的环境中取得进化优势的关键在于关于双元行为的决策是否能够很好地与环境相匹配。随着外部环境的动态变化,企业若想持续获得动态竞争优势,需要合理地结合内外部特征选择相应的探索式和开发式行为(Pangarkar et al. , 2017),这对企业的生存和发展极为重要(刘志迎　等,2017)。

从高层梯队理论的视角来看,探索式或者开发式行为会受到企业决策者情绪的影响。Hakonsson 等(2016)指出,决策者的情绪影响了探索式和开发式行为,当团队整体感受到积极情绪时,会更倾向于选择探索式行为。Wong 等(2017)将创新分为探索式创新和开发式创新,指出 CEO 过度自信对于探索式和开发式双元均衡的影响。于长宏等(2018)指出了过度自信的管理者对企业选择探索式和开发式战略的影响。

(三)探索和开发之间的关系

组织双元中的探索和开发是企业获取核心资源、取得长期可持续发展的关键。在探析探索和开发之间的关系时,学术界主要存在以下两种观点。

一方面,学者认为探索式行为和开发式行为是对立冲突的,大致可以分为以下几个原因。第一,组织的探索式和开发式行为的组织惯例和知识体系均不一样,当外部环境处于变化较快且市场环境竞争较激烈时,企业需要不断地研制新产品、开发新技术去适应外部环境,提高企业竞争力。但是探索式行为会影响企业对目前已有市场的开发利用和深度挖掘。此外,对于现有市场的开发利用、深度挖掘需要企业对已有市场环境进行更多的投入,这可能会削弱企业对未来变化的反应能力。在探索式和开发式行为上投入分配不均匀会使得企业既无法充分获取已有市场的利益,也无法取得长期可持续的综合利益。第二,企业的资源、人力、时间、精力等均是有限的,不断变化的外部环境以及激烈的竞争使企业必须及时地对外界做出反应。企业若是更注重探索式活动,投入更多的有限稀缺资源进行探索时,则能够投入开发式活动的资源、精力必将相应地减少。面对有限的稀缺资源,探索式和开发式活动存在着一定程度的对立冲突。第三,自我强化逻辑会使企业更容易保持原有的学习方式。这种保持已有的惯性的行为经常会导致“成功陷阱”和“失败陷阱”。例如就“失败陷阱”而言,当企业面临绩效困境时,会更愿意承担风险去搜寻新知识、新技术,这些探索式行为会耗费大量的资源和精力,进而导致企业的资源无法支撑现状而失败。虽然对已有技术市场的开发利用相对而言风险较低、短期效果较明显,但它可能会强化企业为获得短期利益而重复进行开发的行为,从而使企业陷入“成功陷阱”。综上所述,考虑到企业的组织惯例、知识体系的区别,企业资源精力的有限以及自我强化逻辑等因素,探索式行为和开发式行为经常是不可兼得的,企业经常会面临选择探索式还是开发式行为的难题。

另一方面,有学者认为探索式行为和开发式行为是可以并存互补、取得相对平衡的,同时兼顾探索式和开发式行为对企业的生存和发展极为关键。学者认为,探索式和开发式行为可以兼顾的原因大致可以分为三点。第一,尽管企业拥有的一些资源是有限的,但是就信息、公共知识等而言,这些资源是无限的。并且,企业可以通过和外部合作,获取其他组织的互补资源和外部环境的知识资源等,对自有资源进行补充。第二,企业可以追求多个领域间的探索式和开发式行为的均衡。当两个或者多个领域处于较为松散的连接状态时,企业可以通过在不同的领域进行不同的双元战略布局,从而实现组织整体层面上的双元平衡。企业可以根据自身发展需求,通过在不同的领域分别实施探索式和开发式行为,保持现阶段的绩效水平和可持续发展的探索能力。第三,企业的规模大小等因素影响了企业双元均衡战略的实施。对团队、小企业而言,同时追求探索式和开发式并存的战略行为可能较难实现,但是当企业的规模较大,拥有更多的可支配的生产材料、资源、精力时,企业相对来说更容易同时实施探索式和开发式双元行为,企业可以充分地开发利用已有的资源机会以保证当前的发展,也可以积极探索新领域以保证未来的可持续发展。企业需要制定能够保证自身在任何时候都可以抵抗外界选择压力风险的发展战略,虽然这可能会使现阶段企业的部分资源不能完全被利用,但是分配合理的探索式和开发式双元战略可以帮助企业持续地更大限度地发挥资源作用,获取最大利益。Katila 等(2002)指出同时兼顾探索式和开发式行为能够提升企业的新产品开发绩效。综上所述,外部合作和开放知识放宽了企业拥有有限资源的限制,跨领域实现组织整体层面上的双元平衡以及企业拥有更多的可支配资源等使探索式和开发式行为可以同时并存互补,促进企业可持续发展。

(四)联盟中的双元合作概念

随着双元研究的深入,学者在联盟研究领域中引入了双元理论,探析了联盟合作中的双元问题(何郁冰　等,2017)。从组织间联盟合作的视角来看,企业之间的联盟合作模式可以被分为探索式合作和开发式合作(杨伟明　等,2018)。

在现有研究中,学者从不同的维度,例如基于联盟所处的价值链功能、企业的合作伙伴特质、现有合作伙伴和已有合作伙伴之间属性的区别,分别从功能维度、结构维度和组织属性维度等对探索式合作和开发式合作进行了定义。学者指出,基于不同维度对探索式合作和开发式合作进行定义时,其所关注的问题和内容有着明显区别,已有研究在对联盟合作中的探索式合作和开发式合作进行区分时,大多基于功能维度和结构维度对双元合作进行区分,指出联盟所处的价值链功能、企业的合作伙伴特质是企业进行探索式合作或者开发式合作选择时最为重要的考虑维度。

在探析功能维度的双元合作时,学者大多基于联盟所处的价值链功能区分了探索式合作和开发式合作。企业和联盟伙伴进行可以带来创新技术和应用的研发合作行为被称为探索式合作,而企业和联盟伙伴进行专注于将已有技术商业化、利用现有技术进行开发利用的合作行为被称为开发式合作。从这个意义上说,探索式合作专注于价值链上游的行为,使合作伙伴之间能够研发新知识、分享隐性知识;开发式合作专注于价值链下游的行为,如商业化和市场营销,通过交换显性知识,整合、利用合作伙伴的现有资源。

在探析结构维度的双元合作时,学者大多基于企业的合作伙伴特质区分了探索式合作和开发式合作。企业和新伙伴之间的合作是探索式合作,企业和已有伙伴之间的重复合作是开发式合作。当企业和新伙伴进行合作时,企业没有和新伙伴的合作经验,新伙伴可以通过联盟合作帮助企业拓宽已有的知识范围,这也会给企业带来更多的机遇、风险和不确定性。当企业和已有的合作伙伴进行合作时,可以依靠已有的惯例和渠道来获取和传递知识,还可以依靠之前的合作经验和企业间的互相信任来提高合作的可预测性和可靠性,增进现有关系,进而更好地使用目前的知识基础。合作伙伴临近的网络位置有助于知识和信息的流动,并提高协作效率。从功能维度和结构维度对探索式合作和开发式合作分类的区别具体如表 2 – 1 所示。

表 2 – 1　功能维度、结构维度分类时的双元合作

关键问题	功能维度	结构维度
关注的问题	联盟为价值链上的哪一个环节服务？	企业的联盟合作伙伴是谁？
关注点	联盟类型	网络结构
探索式合作	组建一个知识生成的研发联盟	和新伙伴组建联盟合作
开发式合作	组建一个知识利用的营销、生产联盟	和已有合作关系的伙伴组建联盟合作
知识内容	价值链知识，如新技术或市场信息和已有技术领域的专长	合作伙伴特征的知识和信息，对特定合作伙伴的直接了解和深入了解

（五）理论启示

基于有限理性探析焦点企业联盟组合配置的相关研究是当前重要的研究视角，基于企业行为理论研究焦点企业面对绩效反馈时的联盟组合配置行为更日益受到了学者的重视（Kavusan et al.，2019），战略联盟领域中企业对探索式和开发式双元合作的选择一直受到学者的广泛关注和重点研究（付丙海　等，2015；杨伟明　等，2018），为了深入探析企业决策者在有限理性的前提下，面对绩效反馈而制定的探索式和开发式双元合作战略决策，在本书的研究中有必要引入组织双元理论。尽管组织双元理论目前在联盟组合研究领域运用的广度不如资源基础、社会网络理论等，但是焦点企业联盟组合中开发式和探索式双元合作对企业有重要作用，正受到越来越多学者的关注（付丙海　等，2015；杨伟明　等，2018）。

学者指出，基于不同维度对探索式合作和开发式合作进行定义时，其关注的问题和内容有着明显区别，已有研究在区分双元合作时，考虑的均为功能维度或者结构维度，因此本书在探析绩效反馈对焦点企业选择联盟组合中探索式合作和开发式合作的影响时，分别从功能维度和结构维度对联盟组合中的双元合作进行了区分。其中，功能维度的双元合作是根据企业组建的联盟在价值链中所发挥的功能进行区分的，功能维度的探索式合作的目的是探索新技术、新机遇，和联盟伙伴分享隐性知识，研发新技术，推广新应用；开发式合作则是开发利用已有知识，和联盟伙伴分享显性知识，运用合作伙伴的现有能力进行市场营销。结构维度的双元合作是基于企业联盟合作伙伴的特征进行区分的，结构维度探索式合作指的

是企业和新伙伴进行合作,开发式合作指的是企业和已有伙伴进行合作。

五、高层梯队理论

(一)理论概述

在战略研究领域,大多数学者在研究企业行为时将重心放在了分析技术经济等因素,但是根据卡纳基学派的观点,复杂决定在很大程度上受到一系列行为因素的影响,而不仅仅是一个经济利益最优化的结果。该学派认为,企业决策者的有限理性、多种不同且可能相互冲突的期望水平的制定都限制了决策者做出相对最有利于企业经济的最优化决策。战略决策包括正式及非正式的决策、企业的行政结构选择决策、竞争战略选择决策等,不同于运营决策更适用于可计算的解决方法得出确定结论,战略决策的制定面临着更多的复杂性、不确定性等诸多行为因素的影响,导致决策者经常无法准确判断技术经济的合理性。在此种情形下,企业决策者采用了基于心理判断的捷径,基于个人视角做出决策,企业决策者经常会将自身的经验特质融入决策制定的过程,进而导致战略决策从某种程度上反映了企业决策者的特质。

Hambrick 等(1984)提出了高层梯队理论,根据该理论,管理者是基于自身特质经验等高度个性化的视角来看待所处的情境,高层管理者是战略决策中的重要组成部分,对企业的决策规划有重要影响。这些高度个性化的特质来源于管理者不同的经验背景、价值观、个人特质以及其他人为因素。学者从高层梯队理论的视角出发,研究了高管团队的组成结构和决策过程对组织的影响,同时也研究了 CEO 的个人特质对企业战略决策制定、绩效等的影响,大量的研究都证实了高层梯队理论的基本逻辑的正确性。高层梯队理论的基本假设是:高层管理者基于他们自身的高度个性化的视角来看待他们所处的情境,如机遇、挑战以及其他的选择和多种可能的结果。由于高层管理决策者自身经验、价值观、个性特征以及其他人为因素的不同,导致每个管理者的个性视角迥异。基于高层梯队理论,组织是高层管理者的映射,如果想要更好地了解战略,就必须更好地了解战略制定者。

(二)理论启示

鉴于绩效反馈和企业联盟行为之间的复杂关系,学者呼吁更多地探析影响两者之间关系的情境因素。已有的研究在探析影响绩效反馈和企业联盟合作行为的情境因素时，学者指出组织冗余、联盟网络能力、开放度、企业自身不确定性、联盟合作间关系等均会影响绩效反馈和联盟合作行为之间的关系，现有的研究大多忽视了微观层面中极为重要的企业决策者的特质。Shinkle（2012）指出，将管理者心理认知特质作为调节变量的研究极为有限，呼吁更多地探析管理者心理层面的变量对绩效反馈和组织战略行为之间关系的影响。Wong 等（2017）也指出，未来的研究应该更多地探析管理者心理层面的变量。

在绩效反馈领域的研究中，企业绩效预期水平的制定在很大程度上受到企业决策者心理认知因素的影响，心理认知因素一直在战略决策制定中发挥着重要作用，管理决策者对未来的认知和感知会影响其现阶段的决策行为。根据高层梯队理论，管理者是基于自身特质、经验等高度个性化的视角来看待企业所处的情境，如机遇和挑战等，管理决策者的认知特质会影响管理者对其所处的企业环境的理解，并最终影响企业决策的制定（王铁男，2017）。管理者心理层面的认知特质是未来研究中需要被重点关注的变量（Kavusan et al.，2019），CEO 过度自信作为极为重要且稳健的管理者心理层面认知变量之一，受到了学者的广泛关注（于长宏　等，2018；张明　等，2019）。当面临不同方向的绩效反馈时，CEO 过度自信的特质会影响其对所处的企业环境的理解，并进一步影响企业决策制定。综上，企业绩效反馈和探索式、开发式双元合作选择的关系极有可能受 CEO 过度自信的心理特质的影响。

第三章　关键概念廓清及评述

一、组织预期

在探讨“理性”问题的社会科学领域中，存在显著的理论分歧。一方面，经济学家在其理论体系中赋予经济人几乎全知的理性特征，这一理想化的人物被设想为拥有完整且一致的偏好结构，能够在众多备选方案中进行选择，并清晰了解所有可用选择。经济人被认为可以进行复杂的计算，以确保选择最佳方案，对概率的评估既不令其感到恐惧，也不令其感到神秘。在过去几十年中，这一理论不断扩展至竞争性策略（如博弈论）与不确定性条件下的决策（如理性预期），形成了一种近乎托马斯式的精致状态。尽管这一理论在智力与美学上具有吸引力，其与现实人类的实际或潜在行为却几乎无直接联系。

相较之下，社会心理学领域则展现出另一种极端倾向，即将所有认知活动归结为情感驱动的倾向，这样的观点往往可以追溯到弗洛伊德的理论。例如，来自贫困家庭的儿童可能会认为自己手中的硬币比富裕家庭儿童手中的硬币更具价值；在社会压力下，一个团体可能会说服其成员相信不存在的事物；在问题解决的过程中，群体行为也反映出压力的积聚与释放。继弗洛伊德而来的多代行为科学家致力于证明个体的理性远不如其自我认知般稳固。这可能促使下一代研究者展示出人类的理性远比我们目前所描述的状态更为复杂，但仍然远不足以达到经济学家所提出的夸大理性的高度。

对于任何研究组织行为的观察者而言，一个显而易见的事实是：组织成员的行为尽管并非完全理智，至少在很大程度上表现出一种理性。组织中的许多行为（至少表面上）以任务为导向，且通常有效地达成其目标。因此，从心理学的视角分析组织行为时，理性行为理论应占据重要位置。然而，组织中所展现的理性与经济人模型所设想的全知理性之间存在明显差距。因此，我们不能轻易将心理学忽视，而只是将理论基础单纯地建立于经济学之上。实际上，在现实环境中，人类行为确实是有目的的，但同时也具有局限性；有限理性或许更能反映真实的战略决策前提。

本书关注了有限理性视角下的企业战略联盟决策行为。基于有限理性选择理论，一方面，由于获取信息和信息处理能力等局限性，战略决策制定总是在有限制的、近似的、简化的实际情境“模型”下进行的（Simon，1947）。决策者往往表现为认知吝啬者，依赖于称为启发式的方法来组织一部分信息，而不是系统地处理所有信息。基于企业行为理论，组织会设定一个组织预期水平，即“决策者认为令人满意的最小结果”。组织预期被有限理性的管理者用作区分线，以简化从连续绩效度量到成功或失败的离散度量的绩效评估（Parker et al.，2017）。绩效反馈反映了组织预期与实际绩效之间的比较，已被证明是影响企业战略决策的重要行为动因（Kavusan et al.，2019）。另一方面，有限理性选择理论的另一个要素——认知偏差——可能在解释企业对超出期望水平反应的不一致证据中发挥关键作用。企业管理者如何根据绩效反馈制定后续战略决策，归根结底取决于决策制定者如何解读绩效反馈，而不是对组织状况的客观评估（Hambrick et al.，1984；Schumacher et al.，2020；Zhang et al.，2024）。因此，决策管理者的认知特征会影响其对企业经营状况的信息解读，从而影响企业对绩效反馈的反应。本书选取了最稳健的心理学变量之一——过度自信，探析了组织预期和过度自信的联合效应对联盟组合战略决策的影响。接下来，本书将具体介绍有限理性的关键要素——组织预期和过度自信在战略联盟决策中的重要作用。

（一）组织预期的定义

组织预期是本书的核心观点，组织预期是指特定的组织对绩效的期望水平，其在研究中也被称为组织目标、组织参考点等，对组织的决策制定（Makarevich，2018）、战略行为、战略意图等至关重要。当企业的实际绩效不同于企业的预期绩效时，企业的战略行为会受到绩效反馈差异的影响。对于组织来说，制定一个符合自身实际情况、符合社会发展形势，同时兼顾长期可持续发展意图的组织预期水平对企业的持续发展极为重要且关键，是企业进行科学管理的重要因素。在研究组织绩效的时候，学者使用了组织预期、目标、参照点等不同的概念术语，笔者认为在组织期望研究中使用的大量概念术语大致趋同，本书将期望、目标、参照点等均包括在本书的研究目标——组织预期中。

绩效反馈是指组织的实际绩效和组织预期绩效之间的差异。当企业的实际绩效不同于企业的预期绩效时,企业的战略行为会受到绩效反馈差异的影响。对于组织来说,制定一个符合自身实际情况、符合社会发展趋势,同时兼顾长期可持续发展意图的组织预期水平对企业的持续稳定发展极为重要且关键,是企业进行科学管理的重要因素。

在研究绩效反馈时,企业的绩效类型大致被分为财务类指标和非财务类指标。财务类指标主要包括企业的资产收益率(return on assets,ROA)(郑丽 等,2020)、股东权益回报率、资产负债率等,非财务类指标主要包括新产品开发数量、专利数量等(Kavusan et al., 2019)。考虑到本书关注的是企业进行宽度寻找和深度寻找的战略决策行为,笔者选取了资产收益率作为绩效反馈的比较指标。因为资产收益率在绩效反馈研究中应用广泛且具有效的衡量标准,就资产收缩率而言,无论是管理者还是股东,都能够从财务报表中随时获得它(章芬,2020)。

本书同时研究了社会比较和历史比较绩效反馈,社会比较和历史比较的比较对象不同,企业通过与其他相似企业的绩效水平进行比较得到社会比较绩效反馈,企业通过与自身过去的绩效和目标进行比较得到历史比较绩效反馈(Lucas et al., 2018;李璨 等,2019)。在本书中,社会比较绩效反馈是指企业的实际资产收益率和该企业所处同行业的所有企业的资产收益率的中位数的差值(Kuusela et al., 2016);历史比较绩效反馈是指企业的实际资产收益率与本企业历史预期绩效水平的差值,该计算方式通过赋予企业上一年度的实际绩效和预期绩效水平一定的权重,进而计算出企业现阶段的历史预期绩效水平(Cyert et al., 1963)。基于企业行为理论,绩效反馈可以被分为绩效反馈逆差和绩效反馈顺差,实际绩效低于预期绩效时,即绩效反馈小于0时为绩效反馈逆差;实际绩效高于预期绩效时,即绩效反馈大于0时为绩效反馈顺差(Baum et al., 2005; Kavusan et al., 2019)。在探析绩效反馈和企业创新、研发相关战略决策制定之间的关系时,基于不同维度比较时的社会比较绩效反馈和历史比较绩效反馈经常被视为相互独立的信号(Chen et al., 2007),或者作为补充的绩效反馈比较维度(Vissa et al., 2010;王菁 等,2014),又或者是相互可以替换的比较维度(Chen, 2008)。在有些研究中,有学者仅选取了社会或者历史比较绩效反馈对企业战略的影响(Tyler et al., 2016)。

不一致性和学者呼吁更多地探析不一致的绩效反馈对企业战略决策制定的影响(Salge, 2011; Lucas et al., 2018)。已有研究探析了绩效反馈不一致性和一致性对伙伴寻找(Baum et al., 2005)、研发投资变化程度(Lucas et al., 2018)、研发强度(吕迪伟　等,2018)、企业战略变革(郭蓉　等,2017)、创新方式选择(肖书锋　等,2020)等战略决策的影响。企业管理者在制定战略决策时,经常会通过评估基于不同来源的多个绩效指标来综合判断企业现阶段的绩效情况(Short et al.,2003)。在这里,本书关注在现有研究中使用最为广泛的两个维度的绩效反馈,分别为社会比较绩效反馈和历史比较绩效反馈(Lucas et al., 2018)。绩效反馈不一致性是指社会比较、历史比较绩效反馈之间存在差异;相应地,绩效反馈一致性是指社会比较、历史比较绩效反馈之间方向一致。

(二)组织预期的理论基础

目前,在研究组织预期时,学者基于不同的假设和关系作用机制,主要从三个理论视角对组织预期的前因和结果进行了分析(Shinkle, 2012),分别是企业行为理论(Cyert et al., 1963)、安索夫的战略管理理论(Ansoff, 1979)和参照点理论(Fiegenbaum et al., 1996)。

就这三个理论来说,其具体差异体现在以下方面。首先,最重要的是,不同于战略管理理论和参照点理论,企业行为理论的一个重要前提假设是组织的战略决策者是有限理性的(Cyert et al., 1963),并且企业行为理论认为管理者在制定战略时,相对来说更看重企业之前的绩效表现而不是未来的企业绩效期许水平(Lant et al., 2008)。而战略管理理论和参照点理论均认为企业更看重企业对未来的自身定位和期许水平。从战略管理理论的视角看,对未来绩效的预期是企业制定合理期望水平的重要原则(Ansoff, 1979)。从参照点理论看,企业对自身未来的规划影响了目前的战略选择。其次,三种理论视角制定组织预期水平的考虑因素存在差异。企业行为理论基于的观点是,当企业实际绩效没有达到预期水平时,会促使企业进行问题搜索,寻找方法来解决绩效反馈逆差的情形。当企业的实际绩效低于预期水平时,相比较高于企业绩效的情形,企业更有可能采取组织变革来改变目前的困境。当企业的绩效高于预期水平时,企业经常会自满于目前的情形,避免采取可能会导致绩效下降的行为,从而保持实际绩效高于预期绩效的情形(Cyert et al., 1963)。从战略管理的视角看,Ansoff(1979)指出,管理者基于组织自身特征和组织所处的环境制定企业战略决策。具体而言,组织管理者基于内部和外部因素(包括社会环境变迁、企业未来预期期望变化、组织适应能力以及管理者性格特质等)的变化,会制定相应的企业战略决策(Ansoff, 1979)。从参照点理论来看,企业的管理者为了将组织成员的注意力集中在期望的绩效目标上而有目的地选择预期水平(Fiegenbaum et al., 1996; Panagiotou, 2007)。管理者综合了内部、外部和时间维度来制定合理的预期水平。当绩效高于战略参考点时,企业属于风险规避;当绩效低于战略参考点时,企业属于风险偏好。最后,三种理论视角在完成组织预期水平的动力因素存在差异。根据企业行为理论,影响企业战略决策的主要因素是企业的实际绩效和组织预期绩效的差异。与之不同的是,从战略管理理论的视角看,影响企业战略决策的主要因素是企业管理者的战略导向。

综上所述,除去上述差异,这三种理论视角还存在很多相似点。三种理论视角均认为实际绩效与组织预期绩效的差异水平会影响企业的战略行为和行为强度,三者均建立了相应的组织预期水平,并指出当实际绩效低于预期的时候,企业会采取策略改变绩效反馈逆差的状况(Cyert et al., 1963; Ansoff, 1979; Fiegenbaum et al., 1996)。根据本书的研究目的,第一,本书假定企业决策者是有限理性的;第二,组织采取战略行为主要根据企业之前的绩效差异,包括自身的历史比较差异和社会比较差异。综上,本书选取了企业行为理论作为本书的理论基础。

(三)组织预期的结果研究

当企业基于内外部环境,制定了基于历史比较或者社会比较的组织预期水平时,组织预期水平代表的是当企业处于良好发展态势时所能接受的绩效值(Cyert et al., 1963; Tyler et al., 2016)。在研究由于企业的实际绩效与组织预期绩效的差异而产生的结果时,大量的研究显示了绩效反馈,包括实际绩效低于组织预期值和实际绩效高于组织预期值两种情形,均影响了组织决策和行为(Chen et al., 2007; Tyler et al., 2016; Klueter et al., 2017; Ref et al., 2017)。

实际绩效与预期绩效的绩效反馈顺差、逆差以及差异程度影响了企业对战略行为的选择(Cyert et al., 1963; Schillebeeckx et al., 2016)、准备承担的风险大小(Fiegenbaum et al., 1996)以及非市场行为等(Mishina et al., 2010)。大多数学者探析了当企业的实际财务绩效不同于预期绩效时,企业采取的战略行为(Greve, 2003; Chen et al., 2007)。例如,Greve(2003)通过分析造船企业,指出绩效反馈逆差使企业进行以解决问题为导向的战略行为,绩效反馈逆差差异增加了企业的研发密度,绩效反馈顺差差异则减少了研发密度。Klueter 等(2017)研究了预期绩效和实际绩效差异对企业跨越边境进行技术侦查探索行为的影响，随着绩效反馈逆差、顺差程度增大，企业都会更多地进行跨越边境的技术侦查行为。Audia 等（2006）在研究造船业时指出，当实际绩效低于预期绩效时，企业的规模大小影响了企业承担风险大小的倾向，对于大型企业而言，绩效反馈逆差提升了企业的冒险倾向，对于小型企业而言，绩效反馈逆差却降低了其冒险倾向。在研究绩效差异和研发行为的关系时，Chen 等（2007）指出绩效反馈逆差越大，企业越倾向于增加研发密度，但是这种趋势不是线性关系，随着企业的逐渐落没，企业会减少研发密度。通过分析 S&P 500（标准普尔 500）列表中的制造业公司，Mishina 等（2010）指出绩效表现好的企业反而更可能进行不道德行为。

近年来，有学者开始探析绩效反馈对企业采取不同战略之间的选择关系以及组合关系的影响（Lungeanu et al., 2015; Kuusela et al., 2016）。Lungeanu 等（2015）通过研究美国制造企业，指出企业的绩效差异和冗余资源联合影响了企业采取战略行动的多样性以及增加新的技术搜索渠道的倾向，当低于预期的时候，拥有富余资源的企业倾向于采取新型技术搜索渠道和增加战略行动的多样性。Kuusela 等（2016）通过研究信息和通信技术企业，探析了绩效反馈逆差对企业采取撤资和耗资的战略行为的差异，认为当企业的绩效低于预期时，差异水平越大，企业越倾向于采取撤资行为，而减少耗费资源的战略行为。

在研究企业绩效反馈时，尽管目前大多数研究集中在分析财务绩效的差异对企业的影响（Lungeanu et al., 2015; Kuusela et al., 2016; Klueter et al., 2017），但是组织期望的比较目标不限于此（Shinkle, 2012），组织经常还会关注和追求多个类型的目标（Greve, 2008）。近年来，有学者开始探析企业其他类型的绩效差异对企业行为的影响。例如，Lungeanu 等（2015）研究了企业创新绩效的绩效反馈差异对战略行为的影响，Tyler 等（2016）研究了企业新产品开发实际绩效与预期绩效差异对企业参与研发联盟的影响。

（四）组织预期与企业行为的调节因素

已有文献在探析影响绩效反馈和企业战略决策之间关系的调节变量时，主要从外部因素、企业间关系、企业内部特质和多种期望水平等方面进行阐述。

在将企业外部因素作为调节变量的研究中，学者指出外部环境的变化性（Levinthal et al., 1981）、经济环境和行业环境（Gooding et al., 1996）、环境的动乱性（Deephouse et al., 2000）、环境中的机遇（Wiklund et al., 2003）等会影响绩效反馈和企业进行战略行为之间的关系。例如 Levinthal 等(1981)指出,不断变化的环境使绩效反馈和战略决策之间的关系更为复杂,环境的不确定性、外部变化和学习过程影响了企业组织预期水平。又如 Deephouse 等(2000)指出,在动荡不安的环境下,面对不同方向的绩效反馈,企业表现出类似的风险承担倾向。

在将企业间关系作为调节变量的研究中,Schillebeeckx 等(2016)指出联盟网络间的开放度、网络的识别能力等均会影响绩效反馈逆差和企业合作倾向之间的关系;Kavusan 等(2019)指出焦点企业和联盟伙伴之间的合作模式选择也会影响绩效反馈和企业进行联盟组合重新配置之间的关系。

在将企业内部特质作为调节变量的研究中,现有研究较多探析的是资源冗余对绩效反馈和战略决策之间的关系的影响。Kuusela(2016)、Lungeanu(2016)、Tyler 等(2016)均将资源冗余作为调节变量,探析了资源冗余对绩效反馈和企业采取战略行为之间的关系的影响。Kuusela 等(2016)在探析绩效反馈逆差对企业采取的资源耗费性的收购、资源释放型的撤资行为时,指出财务资源冗余影响了绩效反馈和企业采取战略行为之间的关系。Tyler 等(2016)指出,当企业的新产品绩效低于预期时,绩效反馈逆差越大,企业会组建更多的研发联盟,组织冗余正向调节了两者之间的关系。Mishina 等(2010)研究了企业自身在行业中的重要性对绩效反馈和企业进行违法行为之间的关系的影响,指出企业自身的重要性促进了绩效反馈顺差和企业采取违法行为之间的正向关系。Wiklund 等(2003)在研究小企业增长时,指出资源(包括人力资源和财务资源)会调节绩效反馈和企业增长之间的关系。Audia 等(2006)指出,企业规模会调节绩效反馈逆差和风险承担之间的关系;有学者指出组织模式(Vissa et al., 2010)、组织期望调整速率(Denrell et al., 2001)等也会调节绩效反馈和企业行为之间的关系。在探析企业内部特质时,学者指出了管理层的特征也会影响绩效反馈和企业战略决策制定之间的关系。Lim 等(2014)指出 CEO 股票期权的价值、外部董事股票期权价值均调节了企业绩效反馈逆差和企业风险承担之间的关系。Choi 等(2019)将企业管理层的特质作为了调节作用,指出管理层拥有的外部企业经验、外部董事的比例等因素对绩效反馈逆差和企业研发投入强度之间的关系均有影响。

在将多种期望水平之间的比较作为调节变量的研究中,在研究绩效反馈的影响结果时,由于企业经常设有多个目标期望水平,不同类型的期望水平是否实现对企业的重要性也不一样(Ansoff, 1979; Cyert et al., 1963)。当企业设定多种类型的期望水平时,这些组织期望水平之间会出现一致或者不一致的关系,进而可能会对企业的战略行为产生影响(Joseph et al.)。Baum 等(2005)研究了绩效反馈对企业建立非本地关系倾向之间的影响,他们研究了社会比较和历史比较绩效反馈方向和程度的异同对企业建立非本地关系倾向的影响。Greve 等(2008)在研究保险行业时,指出当企业面临是否能够继续生存的问题时,其主要关注的是绩效目标,当企业不面临存亡危险时,其会开始关注组织增长等目标。Labianca 等(2009)指出,当企业脱离了能否存活的困扰时,会同时关注多种目标。Joseph 等(2013)在研究绩效反馈和企业推出新产品的关系时,指出社会比较和历史比较时绩效下降的一致性会增加企业的反应程度,社会比较和历史比较时绩效增长的一致性会减少企业的反应程度。

综合上述组织预期的相关研究,笔者结合本书重点,总结归纳并绘制了组织预期相关研究的框架模型,如图 3－1 所示。

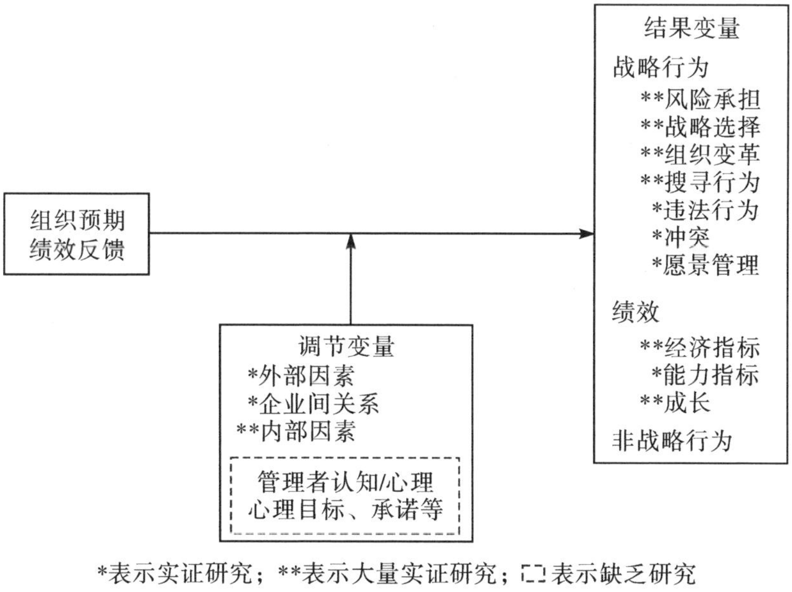

图 3－1 组织预期相关研究的框架模型

(五)相关研究评述

首先,在研究组织的绩效反馈逆差、顺差对企业采取战略行为的影响时,相比较于绩效反馈逆差,绩效反馈顺差的研究相对薄弱(Ref et al.,2017)。目前,针对绩效反馈逆差和顺差对组织行为的影响的研究尚没有一致的结论。Shapira 等(2017)指出,无论是当企业的绩效高于预期还是低于预期,绩效反馈差异程度与企业进入新市场的关系都呈现出倒U型关系，而Kavusan等(2019)针对企业选择已有研究领域还是选择新的研究领域组建联盟时，指出当企业的实际绩效低于预期时，企业倾向于选择已有的研究领域进行联盟合作，当企业的实际绩效高于预期绩效时，企业则会选择新的研究领域进行联盟合作。企业在已有的领域进行联盟合作时拥有更多的经验，且研发风险较小。Kavusan(2019)的研究结论与很多学者存在差异。Audia等(2006)指出，对于造船业中的大型企业来说，当其实际绩效低于预期绩效时，绩效反馈逆差提升了企业的冒险倾向，这与Greve(2003)指出的低于企业预期增加了企业的研发密度，高于企业预期减少了研发密度较为类似。但是，有学者在探析企业跨越边境进行技术侦查探索的行为时，指出无论实际绩效和预期绩效差异是正向的还是负向的，随着差异水平增大，企业会更倾向于进行更多的技术侦查行为(Klueter et al., 2017)。综上，针对目前绩效反馈和组织行为结果的关系尚没有一致结论的情况，学者指出研究结论的差异可能受到企业所处的行业类型、企业规模大小以及情境因素的影响(Audia et al., 2006; Wassmer, 2010; Kavusan et al., 2019)。未来的研究可以搜集包含更多不同行业、不同规模企业的样本数据，通过进行实证研究来进一步探析绩效反馈的差异方向及程度对组织承担风险、进行创新等战略行为的影响。

其次，大多数学者在探析绩效反馈和企业风险承担、探索创新的关系时，都采用单一理论视角进行分析，研究结论存在不一致的情形，使得研究欠缺更强的说服力。例如，Tyler等(2016)从企业行为理论的视角分析了企业的新产品绩效低于预期时对企业参与研发联盟的影响，并指出绩效反馈逆差会促进企业组建更多的研发联盟。Iyer等(2008)指出，当企业的绩效低于预期时，企业会增加风险偏好的倾向，进行较具有风险的兼并行为，而不是寻找联盟伙伴。有学者从前景理论的视角出发，指出当企业的实际绩效高于预期时，企业会减少进行合作的行为，因为联盟的行为存在信息不对称现象，存在一定的风险(王笑言,2015)。有学者指出，当企业的绩效高于预期时，企业仍然会扩大联盟伙伴的规模(Kavusan et al., 2019)。在研究绩效反馈和企业采取的风险承担、探索创新的战略行为时，从单一视角分析可能会缺乏更强的说服力。例如，针对进行合作的行为，一方面，从资源基础理论的视角看，进行合作可以给企业带来互补性知识、资源(Lee et al., 2017; Kavusan et al., 2019)，帮助企业更好地进行研发创新，减少企业自我研发或者兼并的风险，进行合作是减轻风险的战略行为；另一方面，联盟伙伴之间经常存在信息不对称、知识泄露等问题，导致企业在进行联盟合作时，必须承担相应的风险(Tyler et al., 2016)。单一地从一个理论视角研究绩效反馈和战略行为之间的关系可能会影响研究结论的可靠性,因此,未来的研究可以从多个视角分析组织的绩效反馈和组织战略选择行为之间的关系。

最后,之前的学者在研究绩效反馈和企业进行创新、承担风险倾向等战略决策时,研究结论存在不一致的情形。鉴于绩效反馈和企业联盟行为之间的复杂关系,学者呼吁更多地探析影响两者之间关系的情境影响因素。已有的研究在探析影响绩效反馈和企业联盟合作行为的情境因素时,有学者指出组织冗余(Tyler et al., 2016)、联盟网络能力、开放度(Schillebeeckx et al., 2016)、企业自身不确定性、联盟合作间关系(Kavusan et al., 2019)等均会影响绩效反馈和联盟合作行为之间的关系,但是现有的研究大多忽视了微观层面中极为重要的企业决策者的特质(Shinkle, 2012; Choi et al., 2019;王铁男,2017)。Shinkle(2012)指出,将管理者心理认知特质作为调节变量的研究极为有限,并且呼吁更多地探析管理者心理层面的变量对绩效反馈和组织战略行为之间关系的影响。Wong 等也指出,未来的研究应该更多地探析管理者心理层面的变量(Bollaert et al., 2010; Wong et al., 2017)。在绩效反馈领域的研究中,企业绩效预期水平的制定在很大程度上受到企业决策者心理认知因素的影响(Gary et al., 2011)。根据高层梯队理论,管理者是基于自身特质、经验等高度个性化的视角来看待企业所处的情境,如机遇和挑战等(Hambrick et al., 1984),管理决策者的认知特质会影响管理者对其所处的企业环境的理解,并最终影响到企业决策制定(Hambrick et al., 1984;王铁男,2017)。管理者心理层面的认知特质是未来研究中需要被重点关注的变量(Shinkle, 2012; Tyler et al., 2016; Wong et al., 2017; Kavusan et al., 2019),CEO 过度自信作为极为重要且稳健的管理者心理层面认知变量之一,受到了学者的广泛关注(Tang et al., 2015;Wong et al., 2017;于长宏　等,2018;张明　等,2019)。当面临不同方向的绩效反馈时,CEO 过度自信的特质会影响到 CEO 对其所处的企业环境的理解,并最终影响企业决策制定(王铁男,2017)。已有研究大多是探析 CEO 过度自信对企业战略决策制定的直接影响(Galasso et al., 2011; Lai et al., 2017;于长宏　等,2018),忽视了探析 CEO 过度自信对企业战略决策制定过程中的影响。学者指出,CEO 过度自信对战略决策制定的实施过程有重要影响(王铁男,2017),心理认知变量经常通过影响管理者制定决策的过程来调节绩效反馈和战略决策之间的关系(Ansoff, 1979; Fiegenbaum et al., 1996)。已有研究中尚没有学者将 CEO 过度自信作为调节变量,探析其对绩效反馈和联盟组合中双元合作关系的调节作用。

二、过度自信

(一)过度自信的定义

过度自信的概念最早萌芽于心理学领域,伴随着研究的深入,学者指出过度自信普遍存在于个体的性格特质中(Chen et al., 2015),尤其是对拥有企业战略制定、企业行为决策权的管理者,过度自信的现象显得更为普遍和突出(张明 等,2019)。对过度自信特质的研究逐渐从心理学领域拓展到管理学、经济学等其他领域,受到了学者的密切关注,成为研究的重点和热点(Hoelzl et al., 2005; Li et al., 2010; Chen et al,, 2015; Tang et al., 2015; Petrenko et al., 2016;张明 等,2019)。

过度自信是指因为人们对自身的能力、精力等方面的了解不够全面、细致而产生的与实际情况不符合的认知偏差。过度自信分为绝对过度自信和相对过度自信。绝对过度自信是与自身比较产生的结果,是指认为自身能力和知识水平超过自我实际水平;相对过度自信是与他人比较产生的结果,是指认为自身的能力和知识水平超过其他人(刘柏 等,2016)。有学者指出,过度自信的表现可以划分为三个维度,分别是过高估计、过高精确和过高定位(Moore et al., 2008;梁上坤,2015)。其中,过高估计是指个人经常高估自己的实际能力、绩效表现、控制能力水平和成功概率。目前,在过度自信的实证研究中,大多数学者研究的是此种维度的过度自信(Moore et al., 2008; Malmendier et al., 2008;张明 等,2019)。管理学中研究次数最多的是过高精确维度。过高精确是指个体十分肯定以及确信他们的认识和判断,认为个人判断结果的正确性极高。过度自信的特质使得个体对事情的发展经常产生认知偏差,认为自己的判断极为准确(Moore et al., 2008;张明 等,2019)。过高定位是指个体认为他们优于其他人,高于整个群体的平均水平,即"优于平均效应"(Taylor et al.,1988;Moore et al., 2008;张明 等,2019)。过高定位的个体经常将他们定位于团体中的前列,无论是专业水平能力、交往能力,还是提升企业绩效的能力,都定位于前列。目前,管理学中针对过度自信中过高定位维度的研究较少(张明 等,2019)。

在研究过度自信和承担风险、能力和获取信息的关系时,有学者指出过度自信的个体在面对风险时,经常高估成功后的收益而低估失败后的风险,过度乐观地进行风险较大的市场行为，如进行兼并、研发投资等（Malmendier et al.，2008；Galasso et al.，2011）。就能力而言，过度自信的个体经常高估自身能力，认为自身能力高于平均水平，这与 Moore 等（2008）提出的过高估计类似，当个人高估自身能力时，为了维护自身的优越感，他们经常将成功归于自身能力，而将失败归于外界或者运气等客观因素（张明 等，2019）。就获取信息而言，过度自信的个体，尤其是管理者，经常认为自己掌握了更全面、更准确的信息，进而保证了其制订计划、决策的准确性，这也与 Moore 等（2008）提出的过高精确有着一定程度的相似点，但是仅局限在对信息的掌握而做出的决策判断上。

综上所述，学者从不同视角对过度自信给出了定义，结合本书的研究目的，过度自信是指个体对自身能力过高定位以及预测事物的准确程度过高估计，从而导致个体经常高估收益、低估风险，倾向于进行较具有风险性的战略行为的特质。

（二）过度自信的影响结果

已有研究广泛并且深入地探析了管理者的过度自信对企业战略行为的影响，指出管理者尤其是 CEO 的个人特质对组织决策有着重要影响（Malmendier et al.，2005；Chatterjee et al.，2011；Tang et al.，2015）。结合本书的研究目的和研究内容，本书在此有选择地归纳总结了管理者尤其是 CEO 的过度自信对企业风险承担和创新行为的影响。

在研究管理者过度自信对企业承担风险的影响时，CEO 作为高管团队中最核心的角色，在决策制定的过程中有着重要作用（Hambrick et al.，1987；Li et al.，2010）。过度自信的 CEO 经常自我感觉良好，高估自己的能力，低估行为风险，高估组织行为收益，对结果过度乐观（Malmendier et al.，2005，2008；Galasso et al.，2011；Chatterjee et al.，2011），因此过度自信的 CEO 更倾向于接受挑战，承担更多的风险，进行更多的探索式行为（Barker et al.，2002；Tang et al.，2015）。Li 等（2010）探析了 CEO 过度自信和组织承担风险之间的关系，基于高层梯队理论和行为决策理论，指出 CEO 过度自信会正向影响企业承担风险的倾向。此外，CEO 拥有的自主权、企业的外部市场环境和企业的资源多寡等都会影响 CEO 过度自信和风险承担之间的正向关系。Chatterjee 等（2007）指出过度自信的 CEO 更倾向于进行能够吸引风险较大的战略行为，这些行为会给企业带来高收益或者高损失，例如，兼并作为风险较大的企业战略行为，研究显示，当 CEO 过度自信的时候，兼并的概率会增加 65%（Malmendiera，2008）。

在研究管理者过度自信对企业创新行为的影响时,学者探析了管理者过度自信和企业的研发行为、研发投资、双元创新战略选择等的关系(Galasso et al., 2011; Chen et al., 2014; Tang et al., 2015;于长宏　等,2018)。Galasso 等(2010)将 CEO 过度自信的特质引入了创新领域的研究中,通过分析美国大型上市企业 1980—1994 年的数据,解释了为什么企业明知道过度自信的 CEO 有时候会进行不合理的兼并和投资行为而负向影响企业的绩效,但是仍然会雇用这些拥有过度自信的经理人。研究指出,过度自信的 CEO 往往有更高的创新倾向,会正向影响企业的创新产出,这不仅会增加企业的专利数量,也会增加企业的专利引用数,从而抵消过度自信带来的负面影响。Tang 等(2015)通过实证分析中国和美国的数据指出,CEO 过度自信会增加企业的创新行为,但是过度自信引起的创新行为增加对企业的长期发展不一定总是有益的。Chen 等(2014)指出,CEO 过度自信的确会增加研发投资,但是过度自信引起的研发投资无法给企业带来价值,使得研发对企业的长期发展并没有益处。不同的学者在探析过度自信对创新的影响时,得出了不同的结论。近年来,有学者针对创新进行了进一步的分类,分别是企业的探索式和开发式创新,CEO 过度自信对不同类型的创新影响不一样。Wong 等(2017)指出,过度自信的 CEO 经常会导致更加不平衡的双元创新,但是其并没有进一步指出不平衡的方向,即过度自信的 CEO 究竟是更倾向于探索式创新战略还是开发式创新战略。于长宏等(2018)通过构建数理模型,研究了过度自信的管理者对企业的探索式创新战略和开发式创新战略的影响。其中,过度自信的程度越高,企业越倾向于选择探索式创新战略,而减少选择开发式创新战略,但是数理模型的推导仍需要实证数据的进一步验证。

(三)相关研究评述

CEO 作为最具代表性的高层管理人员,其个人特质直接影响着如何制定适宜于企业可持续发展的最优战略。学者针对 CEO 特质和企业战略决策之间的关系做了大量研究,如有学者指出,CEO 的金融背景、任期长短会影响企业的多元化和兼并行为、战略改变的频率和幅度等。近年来,研究 CEO 个人心理特质影响结果的热度日益增强,将 CEO 过度自信作为最稳健的心理学变量之一,研究 CEO 过度自信对企业战略决策的影响很有意义,受到了学者的广泛关注(邓路　等,2016;张明　等,2019)。在探析管理者过度自信和企业承担风险的关系时,研究结论较为一致,均指出了过度自信正向促进了企业承担风险的倾向。在探析管理者过度自信和企业创新的关系时,学者大多数将创新行为看作是同质性的整体,对创新行为进行分类,进一步探析过度自信对不同类别创新行为的影响,这类研究也才刚刚起步。据笔者所知,目前仅有两篇文章将创新行为进行了进一步分类,Wong 等(2017)将创新分为探索式创新和开发式创新,指出 CEO 过度自信对探索式和开发式双元行为均衡的影响,但是欠缺进一步探析 CEO 过度自信对探索式和开发式行为的具体影响;于长宏等(2018)通过建构模型指出了过度自信的管理者对企业选择探索式和开发式战略的影响,但是他们认为探索式战略和开发式战略是对立的关系,忽略了企业在同一时段可能同时会采取两种创新行为。综上所述,在未来的研究中,管理者应该进一步认识到创新行为并不是同质性行为,例如创新行为可以被分为探索式创新和开发式创新。此外,从企业层面来看,探索式创新和开发式创新并不是非此即彼的关系,而可能是同时存在的,进一步探析管理者过度自信对企业进行不同类型的创新行为的关系很有意义。

三、联盟组合

(一)联盟组合的定义

近年来,联盟组合的相关研究大多从以下三个维度展开,分别是联盟组合的动因、联盟组合的配置以及联盟组合的科学治理(Lavie, 2006; 周佳　等, 2017)。有学者指出了联盟是企业为了实现自身以及合作伙伴的战略目标的一种战略合作模式,合资企业、股权交易、合作生产和联合开发等都是战略联盟的合作形式(Das et al., 1998)。但是,针对什么是联盟组合,来自不同研究领域的学者从多种理论角度探讨了联盟组合的内涵。

从组合的视角看,联盟组合是焦点企业为了实现战略目标、获取资源、培养核心竞争力而组建的一系列战略联盟的集合(Hoffmann, 2007; Lavie, 2006)。从网络的视角看,从个体网络出发,联盟网络是指以焦点企业为核心组建的直接联系联盟网络(Baum et al., 2000; Rowley et al., 2000; Ozcan et al., 2009);从整体网络出发,有学者将企业参与的所有战略联盟看作是结构更松散的联盟网络(Doz et al., 1998; Hoffmann, 2007)。从组织学习的视角看,联盟组合是焦点企业累积的联盟经验的结合,包括过去的以及现在正在进行的联盟(Kale et al., 2002; Hoang, 2005)。从不同战略管理的视角看,对联盟组合概念的廓清可以分为业务层面、企业层面和行业层面:从业务层面来看,联盟组合是指一个业务单元包括的所有联盟(Hoffmann, 2007);从企业层面来看,联盟组合是企业包含的所有的联盟集合(Ozcan et al., 2009; Lavie, 2006);从行业层面来看,有学者从联盟网络视角提出联盟组合是特定行业中参加战略联盟的所有企业组成的联盟网络(Gulati et al., 1999; Schilling et al., 2007)。

目前,在廓清联盟组合概念时学术界还存在争议。例如,就联盟组合的时间维度还存在争议,争论的焦点集中在过去的联盟是否可以被记入现阶段研究的企业联盟组合中(Hoang et al., 2005; Wassmer, 2010);联盟组合所包括的联盟类型也存在争议,有学者仅考虑企业参与的双边联盟的集合(Doz et al., 1998),有学者剔除了本地范围内的联盟(Reuer et al., 2006)。根据研究目的,本书中联盟组合是指焦点企业参与的双边、多边联盟的集合,不同于网络视角中更多地从整体网络层面研究多个组织主体的联盟合作关系,本书联盟组合更关注焦点企业如何从组合视角选择不同类型的合作伙伴和不同合作模式的联盟,从而平衡风险,提升核心竞争力,实现知识、资源的充分利用,获取最大化收益(Jiang et al., 2010; Wuyts et al., 2014; Hoang et al., 2016;周佳　等,2017)。

(二)联盟组合的形成

相比较于参与单边联盟,焦点企业同时参与多个联盟能形成联盟组合,协同发展往往更能促进企业发展(Wassmer, 2010)。针对企业为什么要组建联盟组合,学者从不同的层面进行了探析。在研究联盟组合的形成动因时,大致可以分为三个层面,分别是个人层面、企业层面和宏观层面。

从个人层面来说,管理者对于是否组建联盟组合、怎么选取联盟伙伴决策等来说至关重要(Reuer et al., 2006; Golonka et al., 2016; Kavusan et al., 2019)。在分析个人层面因素对组建联盟组合的影响时,有学者从不同的理论视角进行了分析,这些理论视角主要可以分为利益最大化、代理理论和企业行为理论等方面。从企业利益最大化的视角看,之前的大多数研究假设管理者是理性的,基于企业利益、股东权益最大化等原则制定战略(Wassmer, 2010)。例如,面对市场不确定性,根据企业采取的“平稳发展”或者“高速增长”策略,管理者采取相应的联盟组合配置和管理策略(Golonka et al., 2016),按照这个逻辑,企业的联盟组合配置应当是与自身的组织战略和外界环境相适应的结果(Hoffmann, 2007),但是联盟组合的配置却经常看来像是一个随机组合的结果(Bamford et al., 2002)。代理理论可以部分地解释这个现象,从代理理论的视角看,企业所有权和管理权分离导致所有者利益和管理者利益不一致,管理者可能会为了谋取自身利益最大化而盲目扩张联盟组合规模,进而损害了焦点企业和股权的利益(Reuer et al., 2006)。此外,从企业行为理论的视角看,管理者是有限理性的(Simon, 1955),他根据企业之前的行为特征来决定后续采取的战略行为(Cyert et al., 1963),实际绩效和预期绩效的差异会影响管理者组建联盟的战略决策(Kavusan et al., 2019)。

从企业层面来讲,有学者从不同的理论角度对形成联盟组合的动因进行了分析。从组合管理的角度来看(Markowitz, 1952),为了规避管理风险和不确定性,企业可同时参加多个联盟以实现多个战略目标,通过组合管理的方式分散风险,最大限度地减少不确定性带来的损失,并开发利用已有的机会资源,达到收益最大化(Hoffmann, 2007;Chiambarett et al., 2016; Asgari et al., 2017;江积海 等,2013)。从资源基础理论的视角看,联盟组合使企业拥有的资源能够最大限度地被充分利用(Chiambaretto et al., 2018)。从组织学习的视角看,企业同时参加多个联盟可以帮助其获得仅参加一个联盟所无法获取的资源(Wassmer, 2010)。与多个联盟伙伴合作能够帮助企业获取更加多样化的知识资源,提升企业的资源储备(Lavie, 2006; Gulati, 2008; Hoffmann, 2007),提高企业的战略设计和联盟管理能力(Anand et al., 2000)。从社会网络的视角看,焦点企业之前的联盟经验会影响之后的伙伴选择和战略导向(Walker et al., 1997; Gulati et al., 1999; Goerzen, 2007)。例如,企业在之前的合作过程中与伙伴建立的信任关系对后续选择新旧联盟伙伴以及联盟模式均有影响(Goerzen, 2007; Gulati et al., 1999)。从战略管理的视角看,焦点企业会根据自身发展的战略倾向,通过选择特定的联盟伙伴和联盟类型来创造关系租金,获取所需的特有资源(Dyer et al., 1998; Yamakawa et al., 2011)。

从宏观层面来讲,外部情境是企业组建联盟组合的重要动因之一,主要包括外部环境竞争程度和环境不确定性。就外部环境竞争程度而言,随着竞争的日益加剧,企业为了应对激烈的竞争、获取竞争优势,会组建联盟组合来适应市场环境(Lorenzoni et al., 1999)。就环境不确定性而言,焦点企业的联盟组合策略是为了适应复杂的行业竞争动态演化的结果(Asgari et al., 2017),企业会根据外部环境复杂性的高低选择相应的防御、进攻类型的联盟类型,通过构建不同类型的联盟组合来抵御行业竞争的动态变化和不确定性(Gimeno, 2004)。此外,为了应对环境不确定性,获取竞争优势,更高的外部环境不确定性增加了企业的联盟倾向

(Yang et al. , 2014),技术获取的不确定性也影响了企业的联盟组合配置(Asgari et al. , 2017)。

(三)联盟组合的配置及其前因

联盟组合的配置是联盟组合领域研究的重要组成部分,大体上可以分为以下几个方面。①联盟组合的规模。它反映了联盟组合中联盟数量或者伙伴数量的多少(Hoffmann, 2007; Pangarkar et al. , 2017)。②联盟组合的结构维度。它的主要特征是联盟组合中焦点企业与伙伴合作的广度、深度、联盟合作伙伴间的相似性和冗余程度等(Gulati, 1999; Ahuja, 2000; Hoffmann, 2007; Koka et al. , 2008)。③联盟组合中的伙伴关系维度。它主要包括与合作伙伴之间的关系强度、选择的合作模式等(Hoffmann, 2007; Kavusan et al. , 2019;殷俊杰　等, 2017)。④与联盟伙伴相关的特征。它包括联盟伙伴的规模大小、议价能力以及伙伴的网络地位等(Lavie, 2006,詹坤　等,2018)。⑤联盟组合的动态重新配置。焦点企业的联盟组合随着新的联盟的产生(Chung et al. , 2000)和已有的联盟关系的终结而动态变化(Makino et al. , 2007),但是目前大多数的研究并没有考虑两者同时发生的影响(Wassmer, 2010; Kavusan et al. , 2019)。在探析联盟组合动态变化时学者从两个角度进行了分析,分别是联盟组合配置动态变化的前因和结果影响。⑥经验、学习和知识维度。从经验、学习和知识相关的维度来分析联盟组合配置是一个重要的研究方向,包括经验的累积和结构以及不同的学习方式对联盟组合的影响。第一,从知识学习的视角看,随着企业联盟经验的累加,企业的学习能力和吸收能力会发生相应的变化(Anand et al. , 2000; Wassmer, 2010)。企业之前的联盟合作次数、异质性等会影响企业采取的联盟合作行为(Reuer et al. , 2002)。第二,不同的学习途径影响企业学习吸收的能力,当焦点企业试图通过联盟组合来提升经验累积时,需要根据自身的战略需求采取适合自身发展的学习方式,权衡并选取最优的学习方式组合。探索式和开发式作为两种最重要的组织学习方式(Rothaermel, 2001; Lavie et al. , 2006),在联盟组合学习方式选择配置的探析中却缺乏研究(Wassmer, 2010)。Lavie 等(2006)指出,企业在进行功能维度、结构维度和伙伴维度的联盟组合配置时,都会试图权衡两种类型探索式和开发式的合作方式。有学者指出未来可以更多地分析在企业组建联盟组合阶段,企业进行探索式合作和开发式合作的具体过程和动因等(Rothaermel, 2001; Lavie et al. , 2006)。

联盟组合的配置不是静态不动的过程，而是随着企业的战略导向、市场环境竞争和企业自身资源等条件的变化而进行调节的（Chung et al.，2000；Reuer et al.，2005；Makino et al.，2007；Wassmer，2010）。那么，联盟组合配置受什么因素的影响呢？在探析联盟组合配置的前因变量时，学者主要从企业内部特质和外部环境特质探析了影响联盟组合配置的因素。首先，从焦点企业内部特质来说，影响联盟组合配置的因素主要分为焦点企业战略导向、焦点企业发展阶段、焦点企业特质、企业高管团队特征、联盟组合特质和绩效反馈差异。①焦点企业战略导向。焦点企业战略导向、企业战略不确定性和企业文化会影响企业的伙伴选择（Andersonet al.，2015），从网络视角看，联盟组合网络位置受企业战略规划的影响，企业根据战略等变化不断调整其网络位置（Koka et al.，2008），面向市场和面向关系的联盟战略影响焦点企业选择伙伴的倾向，从而影响联盟组合的多样性（Golonka，2015）。②焦点企业发展阶段。企业所处的发展阶段影响着企业此阶段的需求，当焦点企业面临不同发展阶段时，所面临的机遇和挑战也各不相同。企业规模变化、冗余资源变化均会促使焦点企业改变联盟组合的配置（詹坤等，2016）。此外，对于新创企业，风险承担型倾向会促使企业进一步扩大联盟组合规模，构建最优化配置（彭伟　等，2013）。③焦点企业特质。焦点企业的环境适应能力、关系特征等会影响联盟组合配置的动态性（Hoffmann，2007；Ahuja et al.，2012）。企业的吸收能力和组织惯性等影响了企业对探索式合作和开发式合作之间关系的平衡，其中，组织惯性促进了企业开展开发式合作的倾向，而吸收能力则促进了企业开展探索式合作的倾向（Lavie et al.，2016）。焦点企业自身类型影响了其对联盟组合伙伴类型的配置。其中，创新型企业相较于非创新型企业，更倾向于与多种类型伙伴进行合作，从而获得多样化资源（Duysters et al.，2011）。焦点企业自身的资源禀赋越高，吸引的联盟伙伴越多，获得的异质性资源更多，从而增加了联盟组合的多样性（Hoffmann，2007）。类似地，焦点企业的网络地位越高，最优化联盟组合配置的能力也越强（张光曦，2013）。从组织学习的视角看，焦点企业之前合作的联盟经历会正向调节企业的联盟能力，从而使企业能够选择更利于自身发展的联盟组合配置，获取所需的资源，提升自身核心竞争力（Powell et al.，1996）。④企业高管团队特征。企业管理者为了谋取自身利益，可能会盲目扩张联盟组合的规模、更改联盟组合配置（Reuer et al.，2006）。董事会成员的异质性以及董事会成员所处于的联盟组合的网络位置也影响联盟组合的规模和多样性维度配置（Beckman et al.，2014；周佳　等，2017）。⑤联盟组合特质。联盟组合本身的特质如组合的网络、关系特征等会影响联盟组合配置的动态性（Ahuja et al.，2012）。联盟组合需要维系成本，伙伴所拥有的资源多寡和价值大小影响了维系成本，并进一步影响了焦点企业对联盟组合的配置（Bae et al.，2004）。⑥绩效反馈差异。当企业的实际绩效低于预期时，从企业行为理论的角度来看，企业更倾向于扩大联盟组合的规模（Tyler et al.，2016），并且绩效反馈差异同样会影响企业重新配置联盟组合的决策。学者探析了企业绩效预期的逆差、顺差以及企业拥有的冗余资源对联盟组合战略决策的影响（Kavusan et al.，2019）。

从外部环境特质来看，为了适应竞争环境、维护自身的竞争优势，企业会对联盟组合进行重新配置，例如调整联盟伙伴的数量、合作关系强度等（Wassmer，2010）。影响联盟组合配置的主要外部环境特质有环境不确定性、环境需求、战略不确定性等。①环境不确定性。企业所处的环境变化程度（包括变化的深度和广度）、环境的异质性程度都会影响企业联盟组合配置（Koka et al.，2008；Tao et al.，2014；Bakker et al.，2015；Ozcan，2018）。环境的动态变化程度影响了企业对短期合作关系和长期合作关系的选择，环境不可预测性较高会使企业更倾向于选择短期合作伙伴，从而保证整体战略的灵活性；反之，当环境不可预测性较低时，企业会更倾向于建立长期合作关系（Bakker et al.，2015）。此外，当联盟所处的环境充满发展机遇时，企业较倾向于拓展联盟组合规模和进行多样化的合作模式；反之，当联盟所处环境挑战威胁较多时，企业更倾向于降低联盟组合规模和多样性（Tao et al.，2014）。②环境需求。外部环境对探索式创新投资和开发式创新投资的需求程度影响联盟组合中企业间的合作关系（Rowley et al.，2000）。③战略不确定性。当企业所处环境的战略不确定性较高时，为了提高合作效率和控制能力，企业更倾向于选择本行业的合作伙伴进行开发式创新，当战略不确定性较低时，企业则会选择不同的学习战略（Gutierrez et al.，2016）。

综上所述，首先，目前在研究联盟组合配置的前因变量时，仍然缺乏针对企业参与和维持联盟组合动机的实证分析，需要更多地深入探析影响联盟组合配置的动因（Wassmer，2010；Kavusan et al.，2019；韩炜　等，2018）。联盟组合的配置受到企业内部和外部因素的共同影响，后续研究可以从高管人员，尤其是高层管理者 CEO 的层面、企业组织层面以及外部环境的宏观层面多角度地探究联盟组合配置的前因，这有助于进一步深入理解联盟组合形成的过程（Bakker et al.，2015；韩炜　等，2018）。其次，在探析联盟组合配置形成的动因时，学者大多数将联盟组合看作是企业根据内外部环境,进行理性决策的结果(Wassmer, 2010; Kavusan et al. , 2019),但是管理者经常是有限理性的(Simon, 1955),由于行为驱动因素、个人偏好或者代理问题等因素的存在(Reuer et al. , 2006; Kavusan et al. , 2019),导致焦点企业的联盟组合配置不合理,进而损害企业效益,未来的研究需要根据实际情况更多地从管理决策者有限理性的视角探析联盟组合多样化配置的形成原因。最后,探索式和开发式作为两种最重要的组织学习方式(Rothaermel, 2001; Lavie et al. , 2006),对焦点企业能否有效地提升联盟学习能力至关重要,但是在联盟组合学习方式选择配置的探析中却缺乏研究(Wassmer, 2010),未来可以更多地分析焦点企业在组建联盟组合时,如何选取并权衡探索式合作和开发式合作(Rothaermel, 2001; Lavie et al. , 2006)。

(四)联盟组合中双元行为

焦点企业在联盟组合中如何配置探索式和开发式双元行为对于企业来说有重要意义,受到越来越多学者的关注(Stettner et al. , 2014; 付丙海　等,2015;杨伟明　等,2018)。目前,已有的探析联盟组合中探索式和开发式双元行为的研究中,大致可以分为三类:一是从联盟组合或联盟网络的视角,研究探索式和开发式双元行为对焦点企业的绩效、创新绩效等方面的影响;二是将探索式和开发式双元行为作为中介或者调节变量,探析联盟组合中探索式和开发式双元行为的中介机制和调节效应;三是研究影响企业选择探索式和开发式双元行为的前因变量。

在以探索式和开发式双元行为作为自变量的研究中,Hagedoorn 等(2002)基于计算机行业中企业的合作网络,研究了具有不同特征的网络对企业绩效的影响,他们运用了合作关系的多样性、结构、所处网络地位等特征衡量了探索式和开发式行为,最后指出在动荡的外部环境中,探索式合作网络比开发式合作网络更有利于企业的技术绩效。Faems 等(2005)根据企业合作伙伴的类型将联盟分为探索式合作和开发式合作。其中,在联盟网络中,若合作伙伴是高校或者科研机构,则该联盟属于探索式联盟;若合作伙伴是客户或者供货商,则该联盟被归于开发式联盟。实证分析指出,企业和联盟伙伴进行探索式合作会促进新产品、新技术的研制,促进突破式创新;企业和联盟伙伴进行开发式合作比较有利于企业已有的产品和技术的开发利用,促进企业渐进式创新(Faems et al. , 2005)。雷辉等(2015)提出了不同的异议,他们认为由于企业本身所拥有的技术、资源、精力都是有限的,组建不同目的和不同形式的双元联盟会消耗企业更多的资源且受到外界条件和竞争等因素的限制。由于两种类型的联盟配置策略具有一定的相斥性（Rothaermel, 2004），并且不是所有的探索式合作都可以促进企业绩效，因此在短期内，探索式合作策略会不利于企业绩效，而采用开发式合作策略则相对稳定。

在以探索式和开发式双元行为作为因变量的研究中，在研究探索式和开发式合作的前因变量时，Vanhaverbeke 等（2007）探析了联盟网络的联结模式和特征，具体指直接和间接联结以及联结的冗余度对企业选择探索式和开发式双元合作的影响，双元合作模式是可以同时存在的。有学者研究了联盟网络的结构，主要涵括网络密度、中心度和结构洞等特征对焦点企业探索式创新的影响。Nooteboom 等（2006）探析了合作伙伴之间技术距离、网络中心度和合作网络的密度等三个维度对企业探索式行为的影响，通过对多个行业的技术联盟进行分析，指出三个维度对探索式创新的共同作用关系是倒 U 型曲线，企业需要平衡新知识获取和吸收能力之间的关系，以获得最佳平衡。Lavie 等（2006）从知识学习的视角，探索了企业探索式行为和开发式行为的平衡过程，指出企业在进行功能维度、结构维度和伙伴维度的联盟组合配置时，都会试图权衡两种类型的探索学习方式，这对企业的生存和发展极为重要。曹兴等（2017）基于双元学习的视角，通过探析联盟企业技术能力的提升过程，指出企业自身的特质如企业自身的知识状态、资源柔性和能力柔性以及联盟组合层面的整体联盟网络结构对探索式和开发式双元战略均有正向影响。

在以探索式和开发式双元行为作为中介和调节变量的研究中，Koka 等（2008）将联盟网络中焦点企业的探索式学习和开发式学习作为中介机制，研究了合作网络中的位置和焦点企业绩效的关系，并指出中心位置有利于开发式学习，而中介位置有利于探索式学习，企业需要根据外部环境和自身实际情况选择更有利的学习策略。Tiwana（2008）考察了网络联结中的强关系和弱关系对联盟网络中知识双元的影响，指出同时结合强联结和弱联结最利于焦点企业的双元知识整合。李林蔚（2016）在探析联盟组合中的竞争和合作对焦点企业的知识获取和生成的策略影响时，将探索和开发的组织双元战略作为调节变量，并且指出探索式行为比开发式行为更能影响竞争和合作对企业内部知识创造的关系，而开发式行为比探索式行为对竞争和合作以及从合作伙伴获取外部知识的影响更显著。孟卫东等（2018）将探索式和开发式合作作为中介机制，研究了联盟组合中的资源识取，包括资源识别、资源获取、资源配用对焦点企业绩效的影响，指出联盟组合中的资源识取和资源配用过程均正向地影响探索式和开发式双元合作，并且双元合作作为中介机制，均正向影响焦点企业的绩效。杨伟明等（2018）将联盟组合中的双元行为作为中介机制，指出焦点企业管理联盟组合的能力，其中包括伙伴选择、联盟治理和组合协调，这三个维度影响企业选择探索式和开发式合作的意愿，其中，探索式和开发式双元合作模式正向影响企业绩效。

（五）相关研究评述

首先，目前大部分研究集中在分析联盟组合的配置对结果，如绩效、创新绩效等变量的影响，但是，企业为什么要参与联盟组合，什么因素会影响焦点企业联盟组合配置的研究仍较为缺乏（韩炜　等，2018）。探究联盟组合的形成过程，研究影响联盟组合配置的内外部因素能够帮助企业更好地选择符合自身发展的战略，提升企业绩效（Tyler et al.，2016；Kavusan et al.，2019；韩炜　等，2018）。其中，研究焦点企业在进行联盟组合配置时如何选择探索式和开发式双元合作一直是联盟领域研究的重点和热点（Wassmer，2010；Stettner et al.，2014；付丙海　等，2015；杨伟明　等，2018）。但是，目前学者在研究联盟领域中的双元合作时，大多研究的是单个联盟关系中的双元合作（Dai et al.，2017；Krammer，2018；李林蔚，2016；李春发　等，2017），作为普遍又极其重要的现象，联盟组合中对探索式和开发式双元合作的研究仍显不足。

其次，在研究联盟组合中探索和开发双元战略选择的前因时，学者多数基于企业完全理性的假设分析了联盟网络的联结模式、联盟网络的结构，主要涵括网络密度、中心度和结构洞（Vanhaverbeke et al.，2007），企业自身的特质如企业自身的知识状态、资源柔性、能力柔性（曹兴　等，2017），获取知识（Lavie et al.，2006）等因素对企业联盟组合中探索式和开发式双元战略的影响。但是在现实情境中，企业经常是非完全理性的，有限理性需要被更多地引入关于联盟组合双元战略选择的前因变量的分析中（March，1991；Tyler et al.，2016；Schillebeeckx et al.，2016；Kavusan et al.，2019）。因此，拓宽已有的理论视角，从组织是非完全理性的理论视角探析联盟组合中双元战略选择的前因极其重要并且符合真正的实际情形。

最后，在研究联盟组合中的探索式和开发式双元战略时，有学者认为企业应该分阶段专注于探索式合作或者开发式合作（Rothaermel，2004；雷辉　等，2015），也有学者认为企业应该同时兼顾探索式和开发式双元策略（He et al.，2004；O' Reilly et al.，2013；Stettner et al.，2014），企业在组建联盟组合时应该如何合理地配置探索式联盟和开发式联盟仍然存在争议。本书认为,这可能是在研究联盟组合中双元合作时,大多数学者从单一维度对双元合作进行了区分,由于使用的衡量探索式和开发式双元合作的指标维度存在不一致的情形,从而导致研究结论不一致。尽管有学者指出了联盟组合中双元合作可以根据不同的维度进行区分,且基于不同维度对探索式合作和开发式合作进行定义时,学者关注的问题和内容有着明显的区别(Lavie et al., 2006),但是在研究影响探索式和开发式双元合作选择的前因时,几乎没有学者从多个维度对焦点企业联盟组合中探索式和开发式双元合作进行区分,大多数学者仅从某一个维度对探索式和开发式合作进行了区分。基于不同的维度对联盟组合中探索式和开发式双元合作模式进行区分并进行交替验证,能够增加研究结论的可信度。

四、现有研究评述

根据本章对组织预期、联盟组合、管理者过度自信等主题研究进展的回顾和归纳,笔者对现有文献进行了简要评述,指出了这些领域中亟待研究且具有重要理论和现实意义的问题,为下一章提出本书的框架模型和相关假设奠定相应的基础。

首先,通过对联盟组合中探索式和开发式双元合作的相关文献进行梳理,笔者发现已有研究呈现出以下特点。第一,现有研究中,影响联盟组合中探索式和开发式双元合作选择的前因研究不足,少有研究从企业决策者并非完全理性的视角进行分析。焦点企业联盟组合中探索式和开发式双元合作一直受到学者的广泛关注和重点研究(Lavie et al., 2006; Yang et al., 2014; Hakonsson et al., 2016)。在已有的探析影响联盟组合中双元战略选择的前因研究中,学者大多假定企业决策者是完全理性的,但是,组织管理者并非是完全理性的(Simon, 1955; Cyert et al., 1963; March,1991; Kavusan et al., 2019),有限理性需要被更多地引入影响联盟组合配置的前因变量的分析之中(March, 1991; Tyler et al., 2016; Schillebeeckx et al., 2016; Kavusan et al., 2019)。第二,目前学者在研究联盟组合中双元合作模式选择时,大多数研究从单一维度对探索式合作和开发式合作进行了区分(Lavie et al., 2006; Lin et al., 2007),尽管有学者指出了联盟组合中双元合作模式可以从多个维度进行区分(Lavie et al., 2006),但是在研究影响联盟组合中探索式和开发式双元合作选择的前因时,据笔者所知,现有研究大多只关注了双元合作分类的单一维度,几乎没有学者从多个维度对探索式和开发式双元合作进行辨析。有学者指出，基于不同维度对探索式合作和开发式合作进行定义时，关注的问题和内容有着明显区别，并且已有研究在区分双元合作时，考虑的几乎都是功能维度或者结构维度（Rothaermel 2001；Rothaermel et al.，2004；Beckman et al. 2004；Lin et al.，2007），从功能维度或者结构维度对双元合作模式进行分类是目前使用最为广泛且有效的划分手段，与组建联盟的决策最为相关。

其次，通过对研究绩效反馈和企业战略决策制定之间关系的文献进行回顾，笔者发现已有研究呈现出以下特点。第一，现有研究从不同的比较维度衡量了绩效反馈，分别是社会比较绩效反馈和历史比较绩效反馈（Iyer et al.，2008；吕迪伟　等，2018）。在探析社会、历史比较绩效反馈对企业战略决策制定的影响时，有学者仅从社会比较或者历史比较维度研究了绩效反馈对企业战略决策制定的影响。例如，Mishina 等（2010）基于社会比较绩效反馈研究了为什么备受瞩目的高绩效企业反而会做违反道德法律的事情，Tyler（2016）、Audia 等（2007）基于历史比较绩效反馈对影响企业战略决策的动因进行了研究。已有研究在探析社会比较绩效反馈和历史比较绩效反馈对企业采取的战略行为的影响时，多数研究结论显示两种维度的绩效反馈对企业的影响一致（Greve，1998；Kavusan et al.，2019）。但是，有学者指出，社会比较和历史比较的对象不同，会影响企业所能获取的信息和处理过程，对企业的影响存在差异（Kim et al.，2015）。社会比较绩效反馈和历史比较绩效反馈对企业战略决策制定的影响是否存在差异，仍需要进一步探析。第二，尽管企业行为理论指出不同方向的绩效反馈对企业战略决策制定有不同的影响，但是已有研究仍然缺乏对绩效反馈逆差和绩效反馈顺差对企业的影响及差异的探析（Posen et al.，2018；Kavusan et al.，2019），尚没有学者研究社会比较、历史比较时的绩效反馈逆差、顺差对焦点企业选择联盟组合中合作模式的影响程度是否有区别。已有的研究在探析绩效反馈逆差、顺差对企业的影响的区别时，结论仍不一致，需要进一步的探析（Kim et al.，2015；Klueter et al.，2017；Posen et al.，2018）。Klueter 等（2017）在研究绩效反馈逆差、顺差对跨国企业进行边界跨越行为的影响时，将绩效反馈逆差和顺差的影响强度看作是一致的。Kim 等（2015）指出，社会比较和历史比较绩效反馈对企业有不同的影响。其中，就社会比较而言，绩效反馈逆差对企业的影响程度更大；就历史比较而言，绩效反馈顺差对企业的影响程度更大。Mishina 等（2010）指出，社会比较时的绩效反馈顺差对企业的影响更大，企业倾向于承担更多的风险，采取更多的违法行为。Greve

(1998)指出,无论是基于社会比较还是历史比较,绩效反馈逆差对企业的影响程度都会更大,会增加企业进行战略变革的可能性。Lant 等(1992)也指出,绩效反馈逆差对企业的影响程度更大。

最后,通过对影响绩效反馈和企业战略决策制定之间关系的影响因素进行梳理,笔者发现已有研究大多忽视了微观层面中极为重要的企业决策者的特质(Shinkle,2012)。Shinkle(2012)指出,将管理者心理认知特质作为调节变量的研究极为有限,呼吁更多地探析管理者心理层面的变量对绩效反馈和组织战略行为之间关系的影响。Wong 等(2017)也指出,未来的研究应该更多地探析管理者心理层面的变量(Bollaert et al., 2010; Wong et al., 2017)。在绩效反馈领域的研究中,企业绩效预期水平的制定在很大程度上受企业决策者心理认知因素的影响(Gary et al., 2011)。CEO 过度自信作为极为重要且稳健的管理者心理层面认知变量之一,受到了学者的广泛关注(Tang et al., 2015;Wong et al., 2017;于长宏 等,2018;张明 等,2019)。根据高层梯队理论,管理者基于自身特质、经验等高度个性化的视角来看待企业所处的情境,如机遇和挑战等(Hambrick et al., 1984),管理决策者的认知特质会影响管理者对其所处的企业环境的理解,并最终影响企业的决策的制定(Hambrick et al., 1984; 王铁男,2017)。管理者心理层面的认知特质是未来研究中需要被重点关注的变量(Shinkle, 2012; Tyler et al., 2016; Wong et al., 2017; Kavusan et al., 2019)。

综上所述,通过对相关理论和已有研究文献的梳理分析,现有文献对本书有以下几个方面的重要启示。①针对以往研究大多基于完全理性的视角探析影响联盟组合中双元战略选择的前因,而忽视了企业决策者经常是有限理性的,本书从企业并非完全理性的视角探析影响联盟组合配置的前因,基于企业行为理论探析绩效反馈对焦点企业在进行联盟组合配置时选择探索式合作和开发式合作的影响。考虑到现有研究大多从单一维度衡量联盟合作中的探索式合作和开发式合作,本书分别从功能维度和结构维度区分联盟组合中双元合作模式,丰富了绩效反馈在功能、结构维度下双元合作的不同理解,有助于深入理解"绩效反馈 - 联盟组合中双元合作选择"之间的关系。②社会比较绩效反馈和历史比较绩效反馈对企业战略决策制定的影响是否存在差异,仍需要进一步探析,本书分别基于社会比较和历史比较维度探析绩效反馈对联盟组合中双元合作选择的影响。虽然学者基于企业行为理论指出绩效反馈逆差、顺差对企业有不同的影响,但少有研究探析不同方向的绩效反馈对企业战略决策制定的影响的区别(Kavusan et al.,

2019；Posen et al.，2018）。本书分别探析社会比较和历史比较时绩效反馈逆差、绩效反馈顺差对焦点企业选择双元合作倾向的影响，进一步提出并检验不同方向的绩效反馈对企业的影响程度是否存在区别。③鉴于绩效反馈和企业联盟合作行为之间的复杂关系，学者们呼吁更多地探析影响两者之间关系的情境影响因素（Kavusan et al.，2019）。企业绩效预期水平的制定在很大程度上受企业决策者心理认知因素的影响（Gary et al.，2011）。企业决策者的认知特质会影响管理者对其所处的企业环境的理解，并最终影响企业战略决策制定（Hambrick et al.，1984）。CEO 过度自信会影响 CEO 对其所处的企业环境的理解，进而影响企业战略决策制定（王铁男，2017）。现有研究忽视了 CEO 过度自信对绩效反馈和联盟组合中双元合作关系的影响，本书探析了 CEO 过度自信作为调节变量对于“绩效反馈－联盟组合中双元合作选择”关系的调节作用。

第四章　概念模型与假设提出

一、概念界定

为了探析焦点企业的绩效反馈逆差和顺差对联盟组合中探索式和开发式双元合作选择的影响,本书主要涉及以下几个关键研究变量:绩效反馈、探索式合作和开发式合作、CEO 过度自信。尽管在前面内容中已经对这些关键变量的定义、研究现状、维度等进行了探析,但为了更加清晰地阐述本章中提出的概念模型和研究假设,下文将首先对这些关键研究变量的概念进行进一步的廓清和界定。

(一)绩效反馈

绩效反馈是指组织的实际绩效和预期绩效之间的差异。预期绩效是指特定的组织中对绩效的期望水平,其在研究中也被称为组织目标、组织参考点等。在研究绩效反馈时,焦点企业的绩效类型大致可以分为财务类指标和非财务类指标。考虑到本书关注的是企业进行探索式和开发式双元合作的选择行为、CEO 过度自信等指标,笔者选取了资产收益率作为绩效反馈的比较指标。因为资产收益率不仅在绩效反馈研究中是最广泛使用且有效的衡量标准(Shinkle, 2012),并且就资产收益率而言,无论是管理者还是股东,其都能够从财务报表中被随时获得(Kuusela et al., 2016)。

本书同时研究了社会比较和历史比较绩效反馈(Baum et al., 2005; Greve, 1998; Lucas et al., 2018)。社会比较绩效反馈是指焦点企业的实际资产收益率和该企业所处的同行业的所有企业的资产收益率的中位数的差值(Iyer et al., 2008; Kuusela et al., 2016)。历史比较绩效反馈是指焦点企业的实际资产收益率与本企业历史预期绩效水平的差值,该计算方式通过赋予企业上一年度的实际绩效和预期绩效水平一定的权重,进而计算出企业现阶段的历史预期绩效水平

(Cyert et al. , 1963)。

(二)探索式合作和开发式合作

在联盟组合研究中,焦点企业需要根据自身的战略需求权衡并选取最优的合作方式组合。探索式合作和开发式合作作为联盟组合中两种最重要的联盟合作方式(Rothaermel, 2001; Lavie et al. , 2006),对焦点企业维持核心竞争力、取得可持续发展至关重要。考虑到本书的研究问题,笔者在探析绩效反馈对焦点企业选择联盟组合中探索式合作和开发式合作的影响时,分别从功能维度和结构维度对联盟组合中的双元合作进行了区分。其中,功能维度的双元合作是根据企业组建的联盟在价值链中所发挥的功能进行区分的,功能维度探索式合作的目的是探索新技术、新机遇,和联盟伙伴分享隐性知识,研发新技术和新的应用;开发式合作是开发利用已有知识,和联盟伙伴分享显性知识,运用合作伙伴的现有能力进行市场营销(Rothaermel et al. , 2004; Lavie et al. , 2006)。结构维度的双元合作是基于企业联盟合作伙伴的特征进行区分的,结构维度的探索式合作是指企业和新伙伴进行合作,开发式合作是指企业和已有伙伴进行合作(Beckman et al. , 2004; Lavie et al. , 2006)。

(三)CEO 过度自信

过度自信的表现可以划分为三个维度,分别是过高估计、过高定位和过高精确。结合研究目的,本书中过度自信是指个体过高估计自身能力和自身预测事物的准确程度,导致过度自信个体更倾向于高估收益、低估风险的特质。过度自信分为绝对的过度自信和相对的过度自信。绝对的过度自信是与自身比较产生的结果,个体认为自身能力、知识超过自我的实际水平;相对的过度自信是与他人比较产生的结果,个体认为自己的能力、知识超过其他人。

二、概念模型

探析影响焦点企业联盟组合配置的因素是联盟组合研究的重点问题(Bos et al. , 2017; Hoehn-Weiss et al. , 2017; Wassmer et al. , 2017),进行探索式合作和开发式合作是企业适应外部形式多变且复杂的环境,提高自身学习能力,获取核心竞争力,提升绩效的重要手段(Yamakawa et al. , 2011; Hao et al. ; 2018;焦豪,2011),其对企业的生存和发展极为关键(March, 1991; He et al. , 2004),得到了学术界的广泛关注和持续研究（Stettner et al.；2014；付丙海　等，2015；杨伟明　等，2018）。学者在研究影响焦点企业配置联盟组合时选择探索式合作和开发式合作的前因时，已有研究大多基于企业完全理性的视角探析了影响联盟组合中双元战略选择的因素（Vanhaverbeke et al.，2007；Nooteboom et al.，2008）。但是，不同于大多数学者的假定，企业决策者经常是非完全理性的，有限理性需要被更多地引入影响联盟组合配置的前因变量的分析之中（March，1991；Tyler et al.，2016；Schillebeeckx et al.，2016；Kavusan et al.，2019）。已有研究指出，绩效反馈会影响企业的联盟行为（Tyler et al.，2016），但是尚没有学者从有限理性的视角出发，探析绩效反馈对焦点企业进行联盟组合配置时选择探索式和开发式双元合作的影响，并且已有研究欠缺探析不同方向的绩效反馈对企业战略决策制定的影响的区别（Kavusan et al.，2019；Posen et al.，2018）。以往的相关研究在探析绩效反馈对企业战略决策制定的影响时，有学者指出绩效反馈逆差会促使企业进行创新（Chen et al.，2007；Tyler et al.，2016；Klueter et al.，2017）、承担更多的风险（Audia et al.，2006；Iyer et al.，2008），但是也有学者指出，绩效反馈逆差会使企业规避风险（Ref et al.，2017）。有学者指出，绩效反馈顺差会使得企业规避风险，也有学者指出绩效反馈顺差使企业愿意承担风险（Ref et al.，2017；Klueter et al.，2017）。鉴于绩效反馈和企业战略行为间的复杂关系，学者们呼吁更多地探析影响两者之间关系的情境影响因素（Tyler et al.，2016；Schillebeeckx et al.，2016；Kavusan et al.，2019）。综上所述，基于有限理性的视角分别探析绩效反馈逆差、顺差对焦点企业选择联盟组合中探索式和开发式双元合作的影响和区别，以及影响两者关系的调节因素能够更好地理解“绩效反馈－联盟组合中双元合作选择”之间的关系。

首先，本书基于企业行为理论和资源基础理论，探析绩效反馈对焦点企业选择探索式合作和开发式合作的影响。在探析影响联盟组合中双元合作模式选择的前因时，学者指出环境不确定性会引起探索式合作（Rothaermel，2001；Beckman et al.，2004），或者开发式合作（Rowley et al.，2000），又或者两者兼有，以及企业规模会促进探索式合作（Rothaermel et al.，2004）或者开发式合作（Beckman et al.，2004）等。本书认为，造成研究结论不一致的重要原因之一是，目前学者在研究联盟组合中双元合作模式时，大多从单一维度对探索式合作和开发式合作进行了区分（Lavie et al.，2006；Lin et al.，2007），尽管有学者指出了联盟组合中双元合作模式可以从多个维度进行区分（Lavie，2006），但是就笔者所知,现有研究在探析影响联盟组合中双元合作选择的前因时,大多仅关注了单一维度(Choi et al., 2018)。基于不同维度对探索式合作和开发式合作进行定义时,学者关注的问题和内容有着明显区别,因此有必要基于不同维度对联盟中的双元合作行为进行区分(Lavie et al., 2006),考虑到大多数学者在区分联盟领域中的双元合作时,均集中考虑了功能维度和结构维度(Rothaermel, 2001; Rothaermel et al., 2004; Beckman et al. 2004; Lavie et al., 2006; Lin et al., 2007),从功能维度或者结构维度对双元合作模式进行分类是目前使用最为广泛且有效的划分手段,与组建联盟的决策最为相关(Lavie et al., 2011)。基于此,为了深入理解影响联盟组合中双元合作选择的前因变量,本书同时从功能和结构两个维度对联盟组合中双元合作模式进行了区分,通过交替比较、验证功能和结构两个维度的实证分析结果,更能够加强研究结论的准确性和可信度。此外,基于企业行为理论,企业决策者通过比较组织实际绩效和预期绩效的区别,即绩效反馈来制订企业未来的战略计划(Cyert et al., 1963),基于企业比较对象的不同,绩效反馈可以分为社会比较和历史比较绩效反馈(Baum et al., 2005; Greve, 1998; Lucas et al., 2018),有学者指出社会比较绩效反馈和历史比较绩效反馈对企业战略制定的影响存在差异(Kim et al., 2015),因此本书分别从社会比较和历史比较维度探析了绩效反馈对焦点企业选择联盟组合中功能维度、结构维度探索式合作和开发式合作的影响。

其次,本书进一步探析社会比较和历史比较绩效反馈逆差、顺差对焦点企业选择双元合作模式的影响程度的区别。学者基于企业行为理论指出绩效反馈逆差、顺差对企业有不同的影响,但少有研究探析不同方向的绩效反馈对企业战略决策制定的影响的区别(Kavusan et al., 2019; Posen et al., 2018),尚没有学者研究社会比较、历史比较时绩效反馈逆差、顺差对焦点企业选择联盟组合中合作模式的影响程度是否有区别。进一步探析同等程度的绩效反馈逆差和顺差对焦点企业的影响程度,有助于深入地理解企业决策者面临绩效反馈时制定决策的具体过程。基于此,本书响应了 Klueter 等(2017)呼吁更多地探析不同方向绩效反馈对企业战略决策制定的影响,不仅分别探析了社会比较和历史比较时绩效反馈逆差和绩效反馈顺差对焦点企业选择双元合作模式的影响,进一步提出并检验了同等程度、不同方向的绩效反馈对企业的影响程度是否存在区别。在探析绩效反馈逆差、顺差和联盟组合中双元合作选择的关系时,仅根据企业行为理论提出的绩效反馈和企业承担风险倾向的逻辑解释企业双元合作选择行为,欠缺对探索式合作和开发式合作的深入探析。资源基础理论可以解释这个现象。基于资源基础理论,企业是由一系列的资源组成的集合(Wernerfelt, 1984;Das et al., 2000),进行合作的动因是为了和其他的企业更好地集聚、共同分享、交换已有的有价值资源,进而可以通过资源的整体调配组合达到最优的价值回报(Das et al., 2000)。企业通过组建联盟组合,可以获取资源(Hitt et al., 2006)并充分利用资源(Chatterjee, 1990),实现利益最大化(Ref et al., 2017)。学者指出,整合企业行为理论和资源基础理论进行研究具有很大的潜在价值(Pitelis, 2007; Ref et al., 2017),并呼吁在未来的研究中更多地结合企业行为理论和资源基础理论,帮助管理者理解组织战略决策制定的过程。考虑到功能维度和结构维度的探索式合作和开发式合作会影响企业获取不同的知识、技术等有价值资源,也会影响企业利用资源的方式(March, 1991; Rothaermel, 2001),本书响应了Ref(2017)等学者的号召,结合企业行为理论和资源基础理论探析了绩效反馈影响联盟组合中双元合作选择的过程,有助于增强解释模型的可信度和研究结论的解释力。

最后,鉴于绩效反馈和企业联盟行为之间的复杂关系,学者呼吁更多地探析影响两者之间关系的情境因素,已有的研究在探析影响绩效反馈和企业联盟合作行为之间关系的情境因素时,大多忽视了微观层面极为重要的企业决策者的特质(Shinkle, 2012)。Shinkle(2012)指出,将管理者心理认知特质作为调节变量的研究极为有限,并且呼吁更多地探析管理者心理层面的变量对绩效反馈和组织战略行为之间关系的影响,Wong等也指出未来的研究应该更多地探析管理者心理层面的认知变量(Bollaert et al., 2010; Wong et al., 2017)。在绩效反馈领域的研究中,企业绩效预期水平的制定在很大程度上受企业决策者心理认知因素的影响(Gary et al., 2011)。根据高层梯队理论,管理决策者的认知特质会影响管理者对其所处企业环境的理解,并最终影响企业决策制定(Hambrick et al., 1984;王铁男,2017)。管理者心理层面的认知变量是未来研究中需要被重点关注的变量(Shinkle, 2012; Tyler et al., 2016; Wong et al., 2017; Kavusan et al., 2019),CEO过度自信作为极为重要且稳健的管理者心理层面认知变量之一,受到了学者的广泛关注(Tang et al., 2015;Wong et al., 2017;于长宏　等,2018;张明　等,2019)。已有研究大多是探析CEO过度自信对企业战略决策制定的直接影响(Galasso, 2011; Lai et al., 2017;于长宏　等,2018),忽视了探析CEO过度自信对企业战略决策制定过程中的影响。学者指出,CEO过度自信对战略决策制定的实施过程存在重要影响(王铁男,2017),心理认知变量经常通过影响管理者制定决策的过程来调节绩效反馈和战略决策之间的关系（Ansoff，1979；Fiegenbaum et al.，1996）。当面临绩效反馈差异时，CEO 过度自信会影响 CEO 对其所处企业环境的理解，并最终影响企业决策制定。但是已有研究尚没有学者将 CEO 过度自信作为调节变量，探析其对绩效反馈和联盟组合配置关系的调节作用。为了弥补此处的研究空白，本书探析 CEO 过度自信作为调节变量对“绩效反馈－联盟组合中双元合作选择”关系的调节作用。

综上所述，本书的概念模型如图 4－1 所示，具体研究内容包括以下三个部分：①绩效反馈对焦点企业选择联盟组合中双元合作的主效应作用；②绩效反馈逆差、顺差对焦点企业联盟组合中双元合作选择的影响程度的区别；③CEO 过度自信对绩效反馈和联盟组合中双元合作选择之间关系的调节效应。

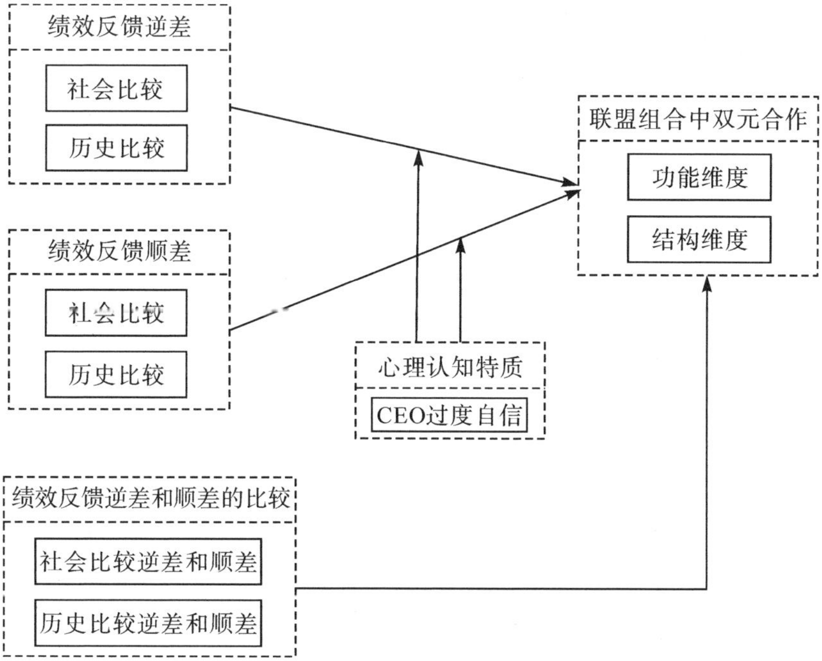

图 4－1　本书的概念框架

三、研究假设

（一）绩效反馈逆差对联盟组合中双元合作选择的影响

在探析绩效反馈逆差对焦点企业选择探索式合作或者开发式合作的影响时，学者指出基于不同维度对探索式合作和开发式合作进行定义时，关注的问题和内容有着明显区别,并且大多学者在区分联盟领域中的双元合作时,均集中考虑了功能维度和结构维度(Rothaermel,2001; Rothaermel et al., 2004; Beckman et al. 2004; Lavie et al., 2006; Lin et al., 2007),从功能维度或者结构维度对双元合作模式进行分类是目前使用最为广泛且有效的划分手段,与组建联盟的决策最为相关。本书分别从功能维度和结构维度对联盟组合中的双元合作模式进行区分。此外,基于企业比较对象的不同,绩效反馈逆差可以分为社会比较和历史比较绩效反馈逆差(Baum et al., 2005; Greve, 1998; Lucas et al., 2018),学者指出社会比较和历史比较绩效反馈对企业战略制定的影响存在差异(Kim et al., 2015),因此,本书分别基于社会比较和历史比较衡量了绩效反馈逆差。综上,本书探析了社会比较、历史比较时绩效反馈逆差对焦点企业在组建联盟组合时对功能维度、结构维度的双元合作的选择的影响。

1. 绩效反馈逆差对联盟组合中功能维度双元合作选择的影响

功能维度的双元合作是根据企业组建的联盟在价值链中所发挥的功能进行区分的,功能维度探索式合作的目的是探索新技术、新机遇,和联盟伙伴分享隐性知识,研发新技术和新应用;开发式合作是开发利用已有知识,和联盟伙伴分享显性知识,运用合作伙伴的现有能力进行市场营销(Rothaermel et al., 2004; Lavie, 2006)。本书认为焦点企业的实际绩效低于社会比较、历史比较预期绩效的程度越大,在进行联盟组合中功能维度双元合作选择时越倾向于选择探索式合作。具体原因如下。

第一,根据企业行为理论,当企业的实际绩效低于预期绩效时,会促使企业进行以解决问题为导向的搜索行为,经常会倾向于承担更多的风险,提升自身的绩效表现,脱离目前的绩效困境(Cyert et al., 1963;March, 1991; Døjbak et al., 2016; Tyler et al., 2016)。相比较于更注重知识利用、营销、生产的开发式合作(Rothaermel et al., 2004),以知识生成、技术研发为目的的探索式合作风险更大,且一旦成功后收益更高(He, 2004; Yang et al., 2013)。因此,企业在面临绩效反馈逆差时,会更倾向于选择功能维度探索式合作。此外,组建多个以知识生成、技术研发为目的的探索式合作联盟可以帮助焦点企业在与联盟合作伙伴共担风险、成本的前提下,探索和接触更多样化的发展领域,为企业的未来发展提供更多的创新机遇(Ahuja, 2000; Vassolo et al., 2004; Tyler et al., 2016),有利于企业未来的可持续发展(Vassolo et al., 2004)。

第二，在技术快速变化的高科技行业中，焦点企业需要不断地探索创新、提升创新能力，才能培养并保持自身的竞争优势，取得长期可持续发展（Teece, 1992; Hess, 2011; 原长弘 等，2015）。焦点企业通过和多个伙伴进行以知识生成、技术研发为目的的探索式合作，可以获取维持短期和长期发展所需要的多种新知识、新技术和有价值的资源（Hess, 2011），进而可以更好地克服挑战，应对未来的潜在发展机遇，维持可持续发展（Kogut, 1988; Das, 2000; Tyler, 2016; Ref, 2017）。

第三，企业希望能够通过最优化配置已有资源，实现利益最大化（Penrose, 1959）。当企业在现有领域的绩效表现不佳时，通常代表着企业生产的产品供大于求，需求量下降会导致企业的一些生产资源、人力资源等处于闲置状态（Mahoney, 1992; Ref, 2017）。绩效反馈逆差从一定程度反映了企业目前的战略、技术等可能已不适合企业的发展，与价值链上游联盟伙伴进行探索式合作探索新技术、新机遇，研发新产品、新应用可以帮助焦点企业更有效、更充分地利用已有闲置资源（Penrose, 1959; Ref et al., 2017）。

综合以上论述，首先，由于以知识生成、技术研发为目的的探索式合作风险更大（Tyler et al., 2016），根据企业行为理论，绩效反馈逆差会使企业选择风险较大的战略行为（Cyert et al., 1963; March, 1991）；其次，高科技企业需要持续研发创新取得可持续发展（Teece, 1992; Hess et al., 2011）；最后，企业希望能够充分利用处于绩效反馈逆差状态时的闲置资源，实现利益最大化（Penrose, 1959; Ref, 2017）。

本书提出以下假设：

H1a（**假设 1a**）：焦点企业实际绩效低于社会比较预期绩效的程度越大，在进行联盟组合中双元合作选择时越倾向于选择功能维度探索式合作。

H2a（**假设 1b**）：焦点企业实际绩效低于历史比较预期绩效的程度越大，在进行联盟组合中双元合作选择时越倾向于选择功能维度探索式合作。

2. 绩效反馈逆差对联盟组合中结构维度双元合作选择的影响

结构维度的双元合作是基于企业合作伙伴的类型进行区分的，结构维度探索式合作是指企业和新伙伴进行合作，开发式合作是指企业和已有伙伴进行合作（Beckman et al., 2004; Lavie, 2006）。本书认为焦点企业的实际绩效低于社会比较、历史比较预期绩效的程度越大，在进行联盟组合中结构维度双元合作选择时越倾向于选择探索式合作。具体原因如下。

第一，当企业多次和已有的伙伴进行开发式合作时，焦点企业可以运用之前在合作关系中培养的习惯和相互信任，使用已有的知识基础，依赖在之前的合作过程中已经被普遍接受的合作方式、知识等（Verspagen，2004；Howard et al.，2016），提升联盟合作中的可预测性和可靠性（Chung et al.，2000；Li et al.，2002）。当企业和新伙伴进行探索式合作时，企业无法依赖之前的合作经验，和已有的伙伴之间建立的信任关系、已投入的关系维护成本均无法发挥作用（Tyler et al.，2016）。不熟悉的新伙伴相比较于已有合作经验基础的旧伙伴，更具有风险和不确定性（Døjbak et al.，2016），基于企业行为理论，绩效反馈逆差会使组织倾向于承担风险、进行战略变革（Tyler，2016；Døjbak et al.，2016），因此，面临绩效反馈逆差时，企业会更倾向于选择和新伙伴进行探索式合作。

第二，当企业的实际绩效低于预期绩效时，企业为了尽快提升绩效，减少绩效反馈逆差程度（（Levinthal，1981），在与联盟伙伴进行合作时，可能会更看重短期利益，而忽视了维持和已有联盟伙伴之间的长期的良好的合作关系（Kavusan et al.，2019）。焦点企业和新伙伴进行合作代表着企业将会拥有更多的合作伙伴，由于企业自身拥有的资源、时间是有限的（Barney，1991），和新伙伴建立合作在一定程度上会使企业减少对已有联盟的资源配置，这会引起企业已有伙伴和新伙伴之间的竞争，进而提升焦点企业在合作关系中的议价能力。焦点企业若能够提升自身的议价能力，则能够在联盟组合中获得更多的有价值资源，帮助焦点企业在联盟组合中获得更大的利益，提升绩效，进而解决绩效困境（Yan et al.，1994；Lavie，2006；Kavusan et al.，2019）。

第三，和新伙伴进行探索式合作能够提供给焦点企业新的发展视角（Kavusan et al.，2019），获取受制于当前情境而无法获得的新的维持核心竞争力的有价值的资源。通过与新的联盟伙伴进行探索式合作，可以帮助企业建立非冗余的伙伴连接，不仅可以帮助焦点企业获取未曾掌握的新知识，还可以帮助焦点企业在新的研究领域中打破进入障碍壁垒，帮助焦点企业在技术变革中保持竞争优势（Tyler et al.，2016），通过资源的新旧组合获得最大的价值回报（Das et al.，2000），有利于焦点企业的可持续发展（王笑言　等，2016）。

综上所述，首先，由于不熟悉的新伙伴相比较于已有合作经验基础的旧伙伴，更具有风险和不确定性（Døjbak et al.，2016），根据企业行为理论，绩效反馈逆差会使企业选择风险较大的战略行为（Cyert et al.，1963；March，1991）；其次，绩效反馈逆差会使焦点企业更看重短期利益，和新伙伴合作能够提升焦点企业在合作关系中的议价能力，在联盟组合中获得更大利益（Kavusan et al.，2019）；最后，企业希望能够通过和新伙伴合作获得新的、有价值的知识、资源，提升绩效（Penrose，1959；Ref et al.，2017）。

本书提出以下假设：

H2a（**假设 2a**）：焦点企业实际绩效低于社会比较预期绩效的程度越大，在进行联盟组合中双元合作选择时越倾向于选择结构维度探索式合作。

H2b（**假设 2b**）：焦点企业实际绩效低于历史比较预期绩效的程度越大，在进行联盟组合中双元合作选择时越倾向于选择结构维度探索式合作。

（二）绩效反馈顺差对联盟组合中双元合作选择的影响

在探析绩效反馈顺差对焦点企业选择探索式合作或者开发式合作的影响时，本书分别从功能维度和结构维度对联盟组合中的双元合作进行了区分（Lavie et al.，2006；Lin et al.，2007），并且分别基于社会比较和历史比较衡量了绩效反馈顺差（Kim et al.，2015）。

1. 绩效反馈顺差对联盟组合中功能维度双元合作选择的影响

当实际绩效高于预期绩效时，本书认为社会比较、历史比较绩效反馈顺差越大，焦点企业在进行联盟组合中功能维度双元合作选择时越倾向于选择探索式合作。具体原因如下。

第一，在不面临绩效困境的情况下，企业决策者所受外部董事的约束限制会相对减轻，进而其可以将注意力、资源集中到长期战略目标上（Cyert et al.，1963；Monteiro et al.，2017），使企业可能采取更加积极主动的、较有风险但潜在的能够带来高收益的战略行为。焦点企业与价值链上游企业进行探索式合作，更注重知识生成、技术研发，与价值链下游企业进行开发式合作，能够利用合作伙伴的资源，如特许经营、销售渠道等（Rothaermel et al.，2004）。知识生成、技术研发更注重创新，相对而言风险更大，成功后收益更高（He et al.，2004；Yang et al.，2013），由于绩效反馈顺差会使企业更有可能将注意力、资源集中到长期战略目标上（Cyert et al.，1963；Monteiro et al.，2017），促进企业决策者选择具有更高潜在回报的战略决策（Baum et al.，2005；Chen et al.，2007），因而会促进焦点企业在双元合作配置时选择和价值链上游伙伴进行探索式合作。

第二，绩效反馈顺差会给焦点企业带来一定的冗余资源（Cyert et al.，1963；Klueter et al.，2017），组织资源较为充足时，企业可能会相对放松对承担高风险、探索创新战略行为的约束限制，并更多地探索新的、潜在的能够带来更高收益的战略行为（Baum et al.，2005；Chen et al.，2007）。冗余资源可以保证企业在现阶段正常发展的前提下，促进其更多地进行承担风险、探索研发的战略行为（Levinthal et al.，1981；Iyer et al.，2008）。冗余资源的存在减轻了企业规避风险的倾向，促进了企业在选择功能维度联盟组合中双元合作时更倾向于选择以知识生成、技术研发为目的的探索式合作。

第三，焦点企业的实际绩效高于社会比较、历史比较预期的程度越高，被认可的程度也就越高（Ref et al.，2017）。绩效反馈顺差给企业带来的良好声誉，作为不受资源分配和机会成本等条件约束的具有类似于公共物品效力的资源（Levinthal et al.，2010），会促进企业探索新的渠道去充分利用此类资源（Klueter et al.，2017），进一步发挥"无规模自由资源、能力"的最大价值，取得长期可持续发展（Chatterjee，1990；Morck et al.，1991）。对于高科技行业而言，基于已有的资源获取的竞争优势地位正受到市场中其他企业的不断挑战，即使当焦点企业的实际绩效高于预期时，处于领先地位的企业的竞争优势也被认为是暂时的（Winter，2003；D'Aveni et al.，2010），为了在高科技行业中维持自身的竞争优势和行业地位，企业需要不断地进行创新，这样才能避免落后（Klueter et al.，2017）。因此，焦点企业在进行联盟组合中双元合作选择时，会倾向于和价值链上游伙伴进行以知识生成、技术研发为目的的探索式合作。

综合以上论述，首先，绩效反馈顺差使企业决策者因外部董事的监督、约束限制减轻而可以将注意力、资源集中到长期战略目标上（Cyert et al.，1963；Monteiro et al.，2017）；其次，绩效反馈顺差带来的冗余资源会减轻企业规避风险的倾向，促使企业采取承担风险、探索研发的战略行为（Klueter et al.，2017；Kavusan et al. 2019）；最后，绩效反馈顺差给企业带来的良好声誉是类似于公共物品效力的资源（Levinthal，2010），为了在高科技行业中维持自身的竞争优势和行业地位，企业会以知识生成、技术研发为目的探索新的渠道去充分利用此类资源（Klueter et al.，2017）。

本书提出以下假设：

H3a（**假设** 3a）：焦点企业实际绩效高于社会比较预期绩效的程度越大，在进行联盟组合中双元合作选择时越倾向于选择功能维度探索式合作。

H3b（**假设** 3b）：焦点企业实际绩效高于历史比较预期绩效的程度越大，在进行联盟组合中双元合作选择时越倾向于选择功能维度探索式合作。

2. 绩效反馈顺差对联盟组合中结构维度双元合作选择的影响

当实际绩效高于预期绩效时，本书认为社会比较、历史比较绩效反馈顺差越大，焦点企业在进行联盟组合中结构维度双元合作的选择时越倾向于选择探索式合作。具体原因如下。

第一，由于其他企业经常将实际绩效高于预期绩效的企业视作是成功的，因此当焦点企业的实际绩效高于行业中等水平或者自身处于上升的态势时，会帮助企业得到外界的认可，树立良好的名声，增加焦点企业对新的潜在联盟伙伴的吸引力（Ahuja, 2000；Klueter, 2017）。绩效反馈顺差在一定程度上降低了焦点企业寻找新伙伴、进行探索式合作的搜寻成本（Baum et al., 2005），尽管和新伙伴进行合作可能会导致已有合作伙伴的不满，但是在好的绩效带来的冗余资源的前提下（Klueter, 2017），企业仍然能够更注重长远发展，倾向于和新伙伴建立探索式合作，避免和已有伙伴进行重复合作而陷入短期的“成功陷阱”（Baum et al., 2005；Stettner, 2014）。

当处于绩效反馈顺差时，此时和新伙伴进行联盟合作可以获取更多的非冗余资源，提供新的可以重新组合联盟资源知识的渠道，提升已有联盟组合中的资源丰富度，充分整合伙伴资源和已有资源，实现效益最大化（Baum et al., 2005；Das et al., 2000；Ref et al., 2017）。焦点企业通过和新伙伴进行探索式合作，可以获取新知识、新资源，提升创新能力，促进企业更好地适应不断演化的环境，实现可持续发展（Pfeffer et al., 2003；Lin et al., 2007）。当企业和新伙伴进行探索式合作时，尽管企业无法直接依靠之前已有的资源和经验来指导现阶段的联盟合作，但是探索式合作可以给企业带来新的机遇，帮助企业拓宽现有联盟组合中没有的知识、资源（March, 1991；Lavie et al., 2006）。如果一直和旧伙伴建立重复的合作关系，则容易形成路径依赖，通过和新的伙伴进行探索式合作可以抵消资源路径依赖的部分劣势，引入新知识、拓展组织边界，同时可以帮助企业更好地适应不断演化的环境（Doz 1996；Pfeffer et al., 2003；Lin et al., 2007）。

综合以上论述，一方面，当企业的实际绩效高于预期绩效的时候，企业的高绩效会吸引更多潜在的、新的合作者，降低了寻找新伙伴的搜寻成本（Baum et al., 2005），尽管和新伙伴进行合作可能会导致已有合作伙伴的不满，但是冗余资源的存在使企业能够更注重长远发展（Klueter et al., 2017），避免陷入短期的“成功陷阱”（Baum et al., 2005；Stettner et al., 2014）；另一方面，和新伙伴进行联盟合作可以获取更多的非冗余资源，提供新的可以重新组合联盟资源知识的渠道，提升已有联盟组合中的资源丰富度，充分整合伙伴资源和已有资源，实现效益最大化（Baum et al.，2005；Das et al.，2000；Ref et al.，2017）。

本书提出以下假设：

H4a（**假设** 4a）：焦点企业实际绩效高于社会比较预期绩效的程度越大，在进行联盟组合中双元合作选择时越倾向于选择结构维度探索式合作。

H4b（**假设** 4b）：焦点企业实际绩效高于历史比较预期绩效的程度越大，在进行联盟组合中双元合作选择时越倾向于选择结构维度探索式合作。

虽然随着社会、历史比较绩效反馈逆差程度和绩效反馈顺差程度的增大，焦点企业均会更倾向于选择功能、结构维度的探索式合作，但是不同方向的绩效反馈对焦点企业选择双元合作的影响逻辑存在差异。综合以上论述，绩效反馈逆差和绩效反馈顺差对企业选择功能、结构维度探索式合作的影响及区别具体如表4－1所示。

表4－1　绩效反馈逆差、顺差对企业选择功能、结构维度双元合作的影响

双元合作维度	绩效反馈逆差	绩效反馈顺差
功能维度探索式合作	（1）以知识生成、技术研发为目的的探索式合作风险更大（Tyler et al.，2016），根据企业行为理论，绩效反馈逆差会使企业选择风险较大的战略行为（Cyert et al.，1963；March，1991） （2）高科技企业需要持续研发创新取得长期可持续发展（Teece，1992；Hess et al.，2011） （3）企业希望能够充分利用处于绩效反馈逆差状态时而闲置的资源，实现利益最大化（Penrose，1959；Ref et al.，2017）	（1）绩效反馈顺差使企业决策者因外部董事的监督、约束限制减轻而可以将注意力、资源集中到企业长期战略目标上（Cyert et al.，1963；Monteiro et al.，2017） （2）绩效反馈顺差带来的冗余资源会减轻企业规避风险的倾向，促使企业采取承担风险、探索研发的战略行为（Kavusan et al.，2019） （3）绩效反馈顺差给企业带来的良好声誉是类似于公共物品效力的资源（Levinthal，2010），企业通过探索新的渠道去充分利用此类资源（Klueter，2017）

续表

双元合作维度	绩效反馈逆差	绩效反馈顺差
结构维度探索式合作	(1)不熟悉的新伙伴相比较于已有合作经验基础的旧伙伴，更具风险性和不确定性(Døjbak et al., 2016)，根据企业行为理论，绩效反馈逆差会使企业选择风险较大的战略行为(Cyert et al., 1963) (2)绩效反馈逆差会使焦点企业更看重短期利益，和新伙伴合作能够提升焦点企业在合作关系中的议价能力，在联盟组合中获得更大利益(Kavusan et al., 2019) (3)企业希望能够通过和新伙伴合作获得新的有价值的知识、资源，提升绩效(Penrose, 1959; Ref et al., 2017)	(1)绩效反馈顺差会吸引更多潜在的新合作者，降低焦点企业寻找新伙伴的搜寻成本(Baum et al., 2005)，尽管和新伙伴进行合作可能会导致已有合作伙伴的不满，但是冗余资源的存在使企业能够更注重长远发展(Klueter, 2017)，避免陷入短期的“成功陷阱”(Baum et al., 2005; Stettner, 2014) (2)和新伙伴进行联盟合作可以获取更多的非冗余资源，提供新的可以重新组合联盟资源的渠道，提升已有联盟组合中的资源丰富度，整合伙伴资源和已有资源，实现效益最大化(Baum et al., 2005; Das et al., 2000; Ref et al., 2017)

社会比较和历史比较时绩效反馈逆差、顺差程度和联盟组合中双元合作选择的关系如图4-2所示。

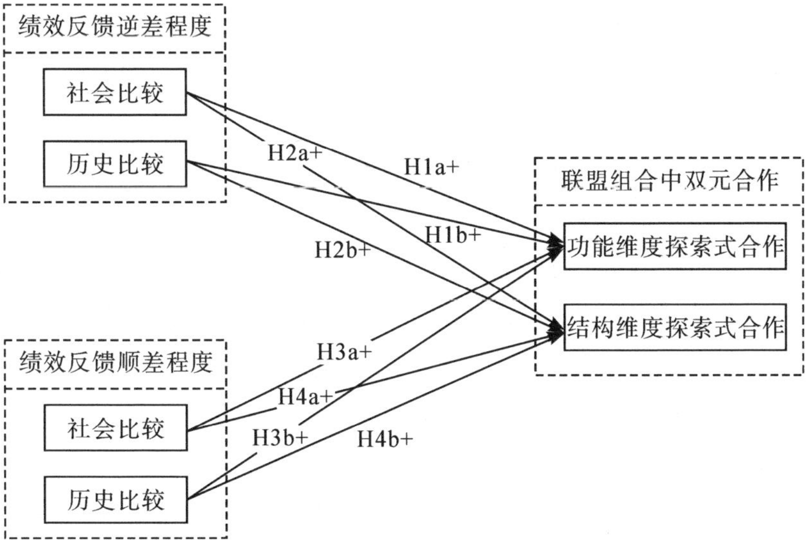

图4-2　绩效反馈逆差、顺差对联盟组合中双元合作选择影响关系假设图

（三）绩效反馈逆差、顺差对联盟组合中双元合作选择的影响的区别

1. 绩效反馈逆差、顺差对联盟组合中功能维度双元合作选择的影响的区别

现有研究中缺乏分别探析绩效反馈逆差和绩效反馈顺差对企业的影响的区别（Posen et al.，2018；Kavusan et al.，2019），尚没有学者研究绩效反馈逆差、顺差对焦点企业选择联盟组合中双元合作模式的影响程度是否有区别。

当焦点企业处于绩效反馈逆差面临功能维度的双元合作选择时，本书基于企业行为理论和资源基础理论指出，绩效反馈逆差促进焦点企业选择以知识生成、技术研发为目的的探索式合作的原因具体包括：第一，根据企业行为理论，绩效反馈逆差会促使企业进行以解决问题为导向的搜索行为，倾向于承担更多的风险，进行探索创新行为，进而脱离目前的绩效困境（Cyert et al.，1963；March，1991；Døjbak et al.，2016；Tyler et al.，2016），并且进行探索式合作可以帮助焦点企业在与联盟合作伙伴共担风险、成本的前提下，探索和接触更多样化的发展领域，为企业的未来发展提供更多的创新机会（Ahuja，2000；Vassolo et al.，2004；Tyler et al.，2016）。第二，高科技行业对技术创新和变革的需求更高，焦点企业通过和多个伙伴进行以知识生成、技术研发为目的的探索式合作，可以获取维持短期和长期发展所需要的多种技术、能力和新知识（Hess et al.，2011），获得可持续发展（Teece，1992；Hess et al.，2011；原长弘　等，2015）。第三，企业希望能够通过最优化配置已有资源，实现利益最大化（Penrose，1959），与价值链上游联盟伙伴进行探索式合作研发新技术和新的应用能够帮助焦点企业更有效地充分利用由于绩效反馈逆差而闲置的生产资源、人力资源等（Penrose，1959；Ref et al.，2017）。

当焦点企业处于绩效反馈顺差面临功能维度的双元合作选择时，本书基于企业行为理论和资源基础理论提出了不同的观点。绩效反馈顺差促进焦点企业选择以知识生成、技术研发为目的的探索式合作的原因具体包括：第一，绩效反馈顺差使企业决策者受到的约束限制更少，一方面外部董事对企业决策者的约束限制会相对减轻，企业可以将注意力等集中到长期战略目标上（Cyert et al.，1963；Monteiro et al.，2017），此时企业更有可能采取较有风险但是能够带来更高收益的战略行为；第二，绩效反馈顺差带来的冗余资源（Cyert et al.，1963；Klueter，2017），会减少企业进行探索创新行为的约束限制，鼓励更多的企业探索潜在的高收益行为（Baum et al.，2005；Chen et al.，2007）；第三，绩效反馈顺差给企业带

来的良好声誉，作为不受资源分配和机会成本等条件约束的具有类似于公共物品效力的资源（Levinthal et al.，2010），会促进企业探索新的渠道去充分利用此类资源（Klueter et al.，2017），发挥最大价值（Chatterjee，1990；Morck et al.，1991）。

但是基于企业行为理论和资源基础理论的不同视角，绩效反馈顺差会削弱焦点企业选择以知识生成、技术研发为目的的探索式合作倾向的原因具体包括：第一，基于企业行为理论，绩效反馈顺差会削弱企业承担风险的倾向，为了保持现阶段良好的绩效态势，企业会倾向于规避风险，相应地减少研发创新的战略行为（Cyert et al.，1963；Greve，1998；Iyer et al.，2008）；第二，基于资源基础理论，企业进行联盟合作的重要原因之一是充分利用已有资源，避免闲置资源未被最大限度利用（Das et al.，2000；Ref et al.，2017）。绩效反馈顺差代表焦点企业在现阶段已有的知识、技术和应用等与市场需求较为匹配，企业拥有的生产资料等可以被高效地运用，进一步开发利用已有的知识、技术仍可以促进企业发展。此时若是使用有限的资源去探索新技术、新机遇，研发新技术和新应用，企业无法保证新的方向、领域同样可以给其带来好的绩效，可能会影响其在现有的优势领域的发展（Matsusaka，2001；Ref et al.，2017），因此专注于已有的知识技术领域，和价值链下游的伙伴进行商业合作和市场营销等是更为稳妥的选择。

综合以上论述，根据企业行为理论和资源基础理论，当企业处于绩效反馈逆差时，企业行为理论和资源基础理论均支持企业以知识生成、技术研发为目的进行探索式合作；而当企业处于绩效反馈顺差时，基于对企业行为理论和资源基础理论的不同视角，绩效反馈顺差对企业以知识生成、技术研发为目的进行探索式合作的影响关系不一致。

本书提出以下假设：

H5a（**假设5a**）：社会比较绩效反馈逆差比绩效反馈顺差对焦点企业选择功能维度探索式合作的影响更大。

H5b（**假设5b**）：历史比较绩效反馈逆差比绩效反馈顺差对焦点企业选择功能维度探索式合作的影响更大。

2. 绩效反馈逆差、顺差对联盟组合中结构维度双元合作选择的影响的区别

已有研究在探析社会比较和历史比较时不同方向的绩效反馈对企业的影响时，结论不一致（Kim et al.，2015；Klueter et al.，2017；Ref et al.，2017）。

当焦点企业处于绩效反馈逆差面临结构维度的双元合作选择时，本书基于企

业行为理论和资源基础理论指出,绩效反馈逆差促进焦点企业选择和新伙伴进行探索式合作的原因具体包括:第一,不熟悉的新伙伴相比较于已有合作经验基础的旧伙伴,更具有风险性和不确定性(Døjbak et al., 2016),基于企业行为理论,绩效反馈逆差会使组织倾向于承担风险,选择和新伙伴合作(Tyler et al., 2016; Døjbak et al., 2016);第二,和新伙伴建立合作能够引起已有伙伴和新伙伴之间的竞争,进而提升焦点企业在合作关系中的议价能力,帮助焦点企业在联盟组合中获取更大的利益(Yan et al., 1994; Lavie,2007; Kavusan et al., 2019);第三,和新伙伴合作能够提供给焦点企业新的发展视角(Kavusan et al., 2019),建立非冗余的伙伴连接,通过资源的新旧组合获得更大的价值回报(Das et al., 2000),促进企业可持续发展(王笑言　等,2016)。

当焦点企业处于绩效反馈顺差面临结构维度的双元合作选择时,本书基于企业行为理论和资源基础理论的不同视角提出了不同的观点。其中,绩效反馈顺差促进焦点企业选择和新伙伴进行探索式合作的原因具体包括:第一,绩效反馈顺差会增加焦点企业对新联盟伙伴的吸引力(Ahuja, 2000; Klueter et al., 2017),降低了焦点企业寻找新伙伴、进行探索式合作的搜寻成本(Baum et al., 2005);第二,和新伙伴进行探索式合作可以帮助企业拓宽现有联盟组合中没有的知识、资源(March, 1991; Lavie et al., 2006),抵消资源路径依赖的部分劣势,促进企业更好地适应不断演化的环境(Pfeffer et al., 2003; Lin et al., 2007)。

但是基于企业行为理论和资源基础理论的不同视角,绩效反馈顺差会削弱焦点企业选择和新伙伴进行探索式合作倾向的原因具体包括:第一,基于企业行为理论,绩效反馈顺差会提升企业的风险规避倾向(Cyert et al., 1963)。企业与旧伙伴重复合作,能够运用已有的合作惯例、相互间信任等基础,提高合作过程中的可靠性和可预测性,风险相对较小(Gulati, 1995; Gulati et al., 1999; Chung et al., 2000; Li et al., 2002),不熟悉的新伙伴相比较于已有合作经验基础的旧伙伴,更具有风险性和不确定性(Døjbak et al., 2016),因此企业为了保持目前的高绩效,会减少采取风险较大的行为,而选择和已有伙伴进行结构维度的开发式合作。第二,从资源基础理论的视角看,企业进行合作的重要原因之一是充分开发利用资源,实现效益最大化(Das et al., 2000)。焦点企业在和新伙伴的合作过程中必然要投入一定的有价值的资源,而绩效反馈顺差代表企业目前的资源处于较大程度被利用的状态(Ref et al., 2017),闲置资源较少。焦点企业和新伙伴进行合作会侵占现阶段企业在和已有联盟伙伴合作过程中投入的资源、精力

(Kavusan et al. , 2019),且无法保证和新伙伴进行探索式合作能够更好地发挥此部分有价值资源的最大效用,这使得企业缺乏和新伙伴进行探索式合作的动力。第三,绩效反馈顺差在一定程度上代表焦点企业所处的联盟组合配置较为合理有效,超出社会比较、历史比较预期水平的企业经常会满意与已有联盟伙伴的合作关系。企业若和新联盟伙伴进行探索式合作,可能会引起已有伙伴的不满,损害和已有伙伴之间的信任和合作关系(Kavusan et al. , 2019),为了维持已有的良好的合作关系,焦点企业会减少和新伙伴进行探索式合作的倾向。

综合以上论述,基于企业行为理论和资源基础理论,当企业处于绩效反馈逆差时,企业行为理论和资源基础理论均支持企业和新伙伴进行探索式合作;而当企业处于绩效反馈顺差时,基于企业行为理论和资源基础理论的不同视角,绩效反馈顺差对企业与新伙伴进行进行探索式合作的影响关系不一致。

本书提出以下假设:

H6a(**假设** 6a):社会比较绩效反馈逆差比绩效反馈顺差对焦点企业选择结构维度探索式合作的影响更大。

H6b(**假设** 6b):历史比较绩效反馈逆差比绩效反馈顺差对焦点企业选择结构维度探索式合作的影响更大。

(四)CEO 过度自信的调节效应

鉴于绩效反馈和企业联盟行为之间的复杂关系,学者呼吁更多地探析影响两者之间关系的情境影响因素,已有的研究大多忽视了微观层面中极为重要的企业决策者的特质(Shinkle, 2012)。Shinkle(2012)指出将管理者心理认知特质作为调节变量的研究极为有限,并且呼吁更多地探析管理者心理层面的变量对绩效反馈和组织战略行为之间关系的影响,Wong 等(2017)也指出未来的研究应该更多地探析管理者心理层面的变量(Bollaert et al. , 2010)。

企业预期绩效制定在很大程度上受到企业决策者心理认知因素的影响(Gary et al. , 2011; Fu et al. , 2020),若想理解战略决策的制定过程,需要更加深刻地理解心理特质的作用(Powell et al. , 2011)。根据高层梯队理论,管理者基于自身特质、经验等高度个性化的视角来看待企业所处的情境,如机遇和挑战等(Hambrick, 1984),管理决策者的认知特质会影响管理者对其所处企业环境的理解,并最终影响企业决策制定(Hambrick et al. , 1984; 王铁男,2017)。管理者心理层面的认知特质是未来研究中需要重点关注的变量(Shinkle, 2012; Tyler et al. , 2016; Wong et al. , 2017),CEO 过度自信作为极为重要且稳健的管理者心理层面认知变量之一,受到了学者的广泛关注(Tang et al. , 2015;Wong et al. , 2017;于长宏　等,2018;张明　等,2019)。当面临不同方向的绩效反馈时,CEO 过度自信的特质会影响 CEO 对其所处的企业环境的理解,进而影响企业战略决策(王铁男,2017)。已有研究大多是探析 CEO 过度自信对企业战略决策制定的直接影响(Galasso, 2011; Lai et al. , 2017;于长宏　等,2018),忽视了探析 CEO 过度自信对企业战略决策制定过程的影响。学者指出,CEO 过度自信对战略决策制定的实施过程存在重要影响(王铁男,2017),心理认知变量经常通过影响管理者制定决策的过程来调节绩效反馈和战略决策之间的关系(Ansoff, 1979; Fiegenbaum et al. , 1996)。但是已有研究中,尚没有学者将 CEO 过度自信作为调节变量,探析其对绩效反馈和联盟组合配置关系的调节作用,为了弥补此处研究的不足,本书探析 CEO 过度自信作为调节变量对“绩效反馈 - 联盟组合中双元合作选择”之间关系的调节作用。

1. CEO 过度自信对绩效反馈逆差和双元合作选择之间关系的调节作用

本书认为,CEO 过度自信会正向调节绩效反馈逆差程度和焦点企业选择以知识生成、技术研发为目的的探索式合作之间的正向关系。

第一,当企业处于绩效反馈逆差时,CEO 过度自信的特质会削弱其对企业处于绩效困境的担心。过度自信的 CEO 经常会自我感觉良好,对战略结果过度乐观(Chatterjee et al. , 2011; Galasso et al. , 2011),即使企业处于困境中,当面临选择以知识生成、技术研发为目的的探索式合作或者以知识利用、营销生产为目的的开发式合作时,过度自信的 CEO 会低估探索式合作的风险,并且高估探索式合作的收益(Malmendier et al. , 2008),因此会促进绩效反馈逆差程度和企业以知识生成、技术研发为目的进行探索式合作之间的正向关系。

第二,从组织惯性的视角来看,经常采取探索式战略行为会促进企业依照惯性而保持原有的学习方式,促进企业继续进行探索创新行为(He et al. , 2004; Stettner, 2014)。即使企业处于绩效反馈逆差的情境,基于组织惯性,过度自信的 CEO 仍然会倾向于探索、创新、研发新知识和新技术(Tang et al. , 2015;王铁男　等,2017;于长宏　等,2018)。因此,CEO 过度自信的特质正向调节了企业在面临绩效困境时选择以知识生成、技术研发为目的的探索式合作之间的关系。

第三，从情绪传染的视角看，CEO过度自信能够影响组织中氛围，进而影响战略决策制定（Hakonsson et al.，2016）。当面对绩效反馈逆差时，企业的管理者、员工等可能会对未来的长期发展持有较为悲观的态度，进而更加注重短期利益而忽视企业的可持续发展（Lavie，2006；Kavusan et al.，2019），影响战略决策制定的过程。过度自信的特质使CEO经常保持积极乐观的正面情绪，低估探索创新的风险，高估探索创新带来的收益（Malmendier et al.，2008；Galasso et al.，2011）。CEO积极、正面的情绪会缓解企业中管理者、员工等的消极情绪，CEO拥有的高权力更会促进其积极情绪的影响程度（王铁男　等，2017），因此CEO过度自信会通过传递正面情绪来促进企业在绩效反馈逆境情境下选择以知识生成、技术研发为目的的探索式合作（Bartel et al.，2000；Barsade，2002）。

综合以上论述，首先，当处于绩效反馈逆差时，CEO过度自信的特质会削弱其对企业处于绩效困境的担心，并且低估以知识生成、技术研发为目的进行探索式合作的风险，高估收益（Malmendier et al.，2008）；其次，即使处于绩效反馈逆差的情境，基于组织惯性，过度自信的CEO仍然会倾向于进行研发新知识和新技术（Tang et al.，2015；王铁男　等，2017；于长宏　等，2018）；最后，从情绪传染的视角看，CEO过度自信能够影响组织氛围，CEO积极正面的情绪会缓解企业中管理者、员工等的消极情绪，进而影响战略决策的制定（Hakonsson et al.，2016）。

本书提出以下假设：

H7a（**假设**7a）：CEO过度自信会正向调节社会比较绩效反馈逆差程度和企业选择功能维度探索式合作之间的关系。

H7b（**假设**7b）：CEO过度自信会正向调节历史比较绩效反馈逆差程度和企业选择功能维度探索式合作之间的关系。

本书认为，CEO过度自信会正向调节绩效反馈逆差程度和焦点企业选择和新伙伴进行探索式合作之间的正向关系。

第一，当焦点企业现阶段处于社会比较或者历史比较的绩效反馈逆差时，代表企业的绩效水平属于同行业的中等偏下，或者与自身上一年度比较处于下滑的趋势（Cyert et al.，1963；Iyer et al.，2008），在一定程度上会影响企业声誉，降低企业对于新的合作者的吸引力，增加焦点企业搜索新伙伴的成本。过度自信的CEO经常保持着积极乐观的正面情绪（Hakonsson et al.，2016；王铁男　等，2017），这不仅会影响组织内部管理者和员工，进而影响企业战略选择，也会影响其他企业对焦点企业的印象，使其他企业对焦点企业的未来表现更易保持乐观预期(Kashmiri et al.,2017;乔朋华 等,2019)。因此,即便是处于绩效反馈逆差的情境,企业中最具代表性的管理者CEO的过度自信会通过情绪传递影响新的潜在联盟伙伴的企业决策层,进而更有可能吸引新的合作者,增大了和新伙伴的合作概率。

处于绩效反馈逆差时的企业可能冗余资源不足,抵抗风险、不确定性的能力降低,从而倾向于选择风险较低的已有伙伴进行开发式合作,但是当CEO过度自信时,其经常会高估企业目前所拥有的资源能力,而低估和新伙伴进行探索式合作的风险性和不确定性(Malmendier et al.,2008)。企业和新伙伴进行探索式合作时,企业无法依赖之前的合作经验、信任关系(Tyler et al.,2016),对焦点企业更具有风险性和不确定性(Døjbak et al.,2016)。但是和新伙伴合作能够建立非冗余的伙伴连接,给焦点企业提供新的发展视角(Kavusan et al.,2019),获取有价值的资源(Tyler et al.,2016),过度自信的CEO经常持有过度乐观的态度,认为他能够有效地抵御高风险,获取成功后的高收益,因此CEO过度自信会正向调节绩效反馈逆差程度和企业选择与新伙伴进行合作之间的正向关系。

第三,企业若是和新联盟伙伴进行探索式合作,可能会引起已有伙伴的不满,影响已有伙伴间信任和合作关系,不利于企业长期发展(Kavusan et al.,2019),为了维持与已有合作伙伴的良好关系,焦点企业可能会减少和新伙伴进行探索式合作。过度自信的CEO经常保持着积极乐观的正面情绪,低估由于已有伙伴不满意而带来的风险(Hakonsson et al.,2016;王铁男 等,2017),对企业的未来发展保持积极乐观的态度。为了获取能够维持企业核心竞争力的有价值的资源,企业仍会选择和新伙伴进行合作,CEO过度自信在一定程度上会削弱由于担心引起已有伙伴不满而减少和新伙伴进行合作的倾向。

综合以上论述,首先,CEO过度自信的特质会增加焦点企业对潜在新伙伴的吸引力(Kashmiri et al.,2017;乔朋华 等,2019),增大和新伙伴合作的概率;其次,处于绩效反馈逆差的企业冗余资源可能不足,抵抗风险、不确定性的能力降低,但是过度自信的CEO经常会高估目前所拥有的资源能力,低估和新伙伴进行探索式合作的风险性和不确定性;最后,尽管和新伙伴进行合作可能会引起已有伙伴的不满(Kavusan et al.,2019),但是CEO过度自信使企业决策者可能会为了获取新知识资源而仍然选择和新伙伴合作。

本书提出以下假设:

H8a(假设8a):CEO过度自信会正向调节社会比较绩效反馈逆差程度和企

业选择结构维度探索式合作之间的关系。

H8b(**假设 8b**):CEO 过度自信会正向调节历史比较绩效反馈逆差程度和企业选择结构维度探索式合作之间的关系。

2. CEO 过度自信对于绩效反馈顺差和双元合作选择之间关系的调节作用

本书认为,CEO 过度自信会正向调节绩效反馈顺差程度和焦点企业选择以知识生成、技术研发为目的的探索式合作之间的正向关系。

第一,基于企业行为理论,有学者指出绩效反馈顺差会削弱企业承担风险的倾向,为了保持现阶段良好的绩效态势,企业会规避风险,相应地减少研发创新的战略行为(Cyert et al., 1963; Greve, 1998; Iyer, 2008),功能维度探索式合作专注于知识生成、技术研发,更具有风险性、挑战性和不可预测性(March, 1991)。过度自信的 CEO 经常对自身能力判断存在过高估计和过高定位的情况,经常会高估自己解决问题的能力和效率(Hayward et al., 1997),经常认为自己掌握了更全面、更准确的信息,对事物的认识和判断的正确性极高(Moore et al., 2008;张明　等,2019),能够比其他管理者更好地解决困难(Tang et al., 2015)。因此,当企业处于绩效反馈顺差的情境时,CEO 过度自信会削弱企业规避风险的倾向,促进企业选择以知识生成、技术研发为目的的探索式合作。

第二,当企业的实际绩效高于预期时,良好的企业绩效会给企业带来一定程度的冗余资源(Klueter et al., 2017),多余的冗余资源赋予了企业更大的自由度去探索新技术、新机遇,研发新技术和新应用等,考虑到过度自信的 CEO 更倾向于承担风险,进行探索式的战略行为(Malmendiera et al., 2008; Li et al., 2010),在组织决策制定的过程中,CEO 经常会低估探索新领域、开发新产品等行为的风险性,低估进行探索式项目所面临的投资资源多、周期较长、收益不确定等因素(Larwood et al., 1977; Kahneman et al., 1993),因此 CEO 过度自信会正向调节绩效反馈顺差和企业以知识生成、技术研发为目的进行的探索式合作。

第三,在绩效反馈顺差的情境下继续选择知识生成、技术研发的探索式合作风险更高,并且用有限的资源去探索新技术、新机遇,研发新技术和新应用,可能会影响企业在现有的优势领域的发展,无法更大程度地使用企业有价值的资源(Matsusaka, 2001; Ref et al., 2017),但是过度自信的 CEO 往往低估创新失败的风险,而高估创新成功的预期回报(Li et al., 2010; Tang et al., 2015),对战略结果过度乐观(Chatterjee et al., 2011; Malmendier et al., 2008; Galasso et al.,

2011),认为他能够掌握事物的发展趋势(Rotter, 1966),会在探索新知识、新技术、新产品的领域获取成功。Camerer 等(1999)通过实验研究指出,过度自信使企业决策者选择更有风险性的行为,即使失败率很高,决策者仍然认为自己会成功。

综合以上论述,首先,以知识生成、技术研发为目的的探索式合作比开发利用已有知识的开发式合作风险更大,但是 CEO 过度自信会削弱企业处于绩效反馈顺差情境时规避风险的倾向,促进企业选择有利于长期可持续发展的探索式合作;其次,绩效反馈逆差带来的冗余资源在一定程度上给予企业决策者尝试更多创新战略行为的自由度(Klueter et al. , 2017),过度自信的 CEO 更倾向于承担风险,进行探索式的战略行为(Li et al. , 2010);最后,尽管在绩效反馈顺差的情境下继续选择知识生成、技术研发的探索式合作可能无法更大程度地发挥企业资源的最大价值(Ref et al. , 2017),但是过度自信的 CEO 往往低估创新失败的风险,认为自己会成功(Tang et al. , 2015)。

本书提出以下假设:

H9a(**假设** 9a):CEO 过度自信会正向调节社会比较绩效反馈顺差和企业选择功能维度探索式合作之间的关系。

H9b(**假设** 9b):CEO 过度自信会正向调节历史比较绩效反馈顺差和企业选择功能维度探索式合作之间的关系。

本书认为,CEO 过度自信会正向调节绩效反馈顺差程度和焦点企业选择和新伙伴进行探索式合作的正向关系。

第一,CEO 过度自信能够吸引更多的新伙伴,在一定程度上降低了焦点企业寻找新伙伴、进行探索式合作的搜寻成本。当企业与潜在联盟伙伴进行沟通时,过度自信的 CEO 经常会过高估计本企业的能力,并且对合作成果有着更为乐观的预期(乔朋华 等,2019),这会增强焦点企业对新伙伴的吸引力。处于绩效反馈顺差情境下的企业自身受到外界的认可度和声誉较高(Ahuja, 2000; Klueter et al. , 2017),CEO 过度自信的特质会进一步增强焦点企业对新联盟伙伴的吸引力。由于新潜在联盟伙伴和焦点企业之前缺乏合作经历,对焦点企业的实际能力等认识不足,因此更容易受到 CEO 主观特质的影响,CEO 过度自信增加了焦点企业和新伙伴进行探索式合作的可能性。

第二,绩效反馈顺差在一定程度上代表焦点企业的联盟组合配置较为合理,良好的绩效表现会使焦点企业对现有的合作伙伴较为满意。企业若是和新联盟伙伴进行探索式合作，可能会引起已有伙伴的不满，影响已有伙伴间信任和合作关系，为了维持和已有合作关系的良好关系，焦点企业会减少和新伙伴的探索式合作（Kavusan et al.，2019）。过度自信的 CEO 通常会过高估计个人实际能力、控制能力和成功概率等，即使和新伙伴合作存在更大的风险，和新伙伴合作可能会导致旧伙伴的不满，但是过度自信的 CEO 经常认为自己掌握了更全面、更准确的信息，进而能够制定合理的决策，掌握联盟合作整体的发展趋势（Moore et al.，2008）。因此，CEO 过度自信在一定程度上能削弱企业为了维护和已有合作伙伴的良好关系而规避和新伙伴建立探索式合作的倾向，因而正向调节了绩效反馈顺差与企业和新伙伴进行探索式合作之间的正向关系。

第三，在技术密集型的高科技企业，即使处于绩效反馈顺差的情境下，企业仍需要不断地持续创新，才能维持现有的竞争优势和市场地位（D'Aveni et al.，2010）。通过和新伙伴进行探索式合作，企业能够持续不断地获取新知识、拓宽企业的知识资源，给企业带来新的机遇，更好地进行创新（March，1991；Lavie et al.，2006），但是和新伙伴进行联盟合作也会给企业带来一定的挑战，信息不对称、缺乏信任等因素可能会影响企业的合作关系，给合作带来了一定风险（Kavusan et al.，2019；王笑言　等，2016）。过度自信的 CEO 总是倾向于获取新知识、尝试新领域、挖掘新机会、进行探索创新（Malmendiera et al.，2008；Li et al.，2010），并且经常会高估自己解决问题的能力和效率（Hayward et al.，1997），相信自己能够更好地解决困难（Tang et al.，2015）。因此，当企业处于绩效反馈顺差的情境时，CEO 过度自信会促进焦点企业更注重于自身的可持续发展，和新伙伴进行联盟合作。

综合以上论述，首先，CEO 过度自信能够在绩效反馈顺差的情境下进一步吸引更多的新伙伴，降低了焦点企业寻找新伙伴、进行探索式合作的搜寻成本；其次，CEO 过度自信在一定程度上削弱了企业为了维护和已有合作伙伴的良好关系而规避和新伙伴建立探索式合作的倾向；最后，尽管和新伙伴进行探索式合作更具有风险和挑战（Kavusan et al.，2019），但是 CEO 过度自信削弱了企业规避风险的倾向。

本书提出以下假设：

H10a（**假设** 10a）：CEO 过度自信会正向调节社会比较绩效反馈顺差和企业选择结构维度探索式合作之间的关系。

H10b（**假设** 10b）：CEO 过度自信会正向调节历史比较绩效反馈顺差和企业

选择结构维度探索式合作之间的关系。

CEO 过度自信对绩效反馈逆差、顺差程度和双元合作选择之间关系的调节效应如图 4－3 所示。

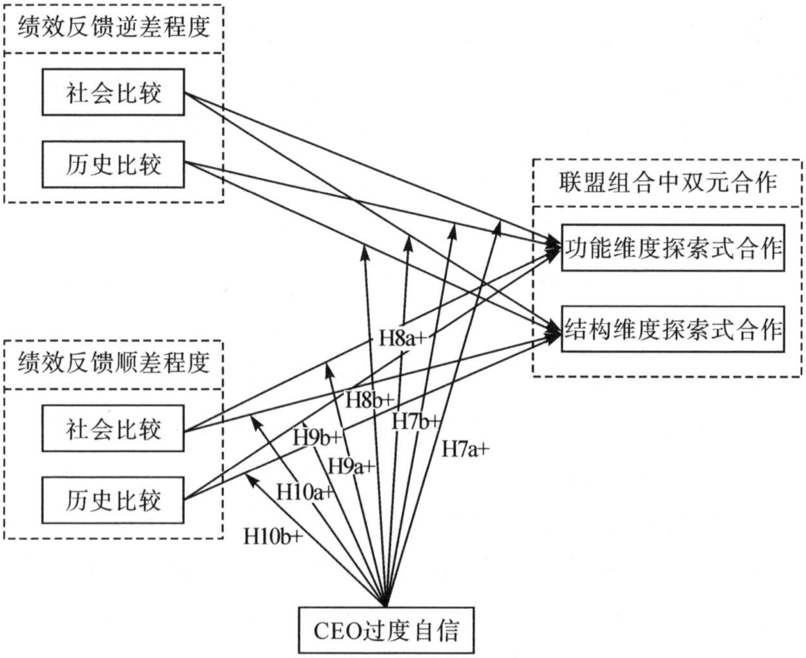

图 4－3　CEO 过度自信的调节效应假设图

四、研究方法

基于本书中提出的研究问题，笔者结合了理论研究、理论演绎、实证研究和文本分析等研究方法，综合探析检验了本书的研究问题。具体如下。

（一）理论研究

本书在回顾梳理了相关理论（企业行为理论、资源基础理论、组织双元理论以及高层梯队理论）的基础上，分析了相关研究领域（组织预期、联盟组合中双元合作、CEO 过度自信等）的概念及相关研究，并基于此提出了现有研究的不足和现有研究给我们的启示。

（二）理论演绎

在回顾梳理现有文献的基础上，本书指出了现有研究的不足，提出了本书的框架模型，在阐述变量之间的理论关系、实证关系和逻辑推理的基础上，提出了相应的研究假设。

（三）实证研究

SDC（用户数据中心）数据库是在联盟研究领域中最权威、应用最为广泛的数据库（Lavie et al.，2006；Lin et al.，2007）。基于SDC数据库，本书收集了美国上市企业S&P 1500（标准普尔1500）中的高科技企业1992—2015年的所有联盟数据。在每一条联盟数据的后面，笔者记录了联盟的开始时间、联盟伙伴的名称、联盟简要描述、联盟具体的描述、联盟伙伴的类别、联盟伙伴的行业名称等信息。上市企业数据的财务、绩效等数据来源于Compustat（网络电子计算机会计数据库），CEO过度自信的原始资料来源于Factiva（道琼斯新闻数据库），企业CEO的相关信息来源于ExecuComp（由标准普尔提供的高管薪酬数据库）。本书基于STATA统计分析软件，首先对收集的数据进行了描述性统计分析和相关性分析，其次对提出的假设进行了实证分析检验，最后通过替换变量、剔除初始值、更换回归分析方法等进行稳健性检验，验证回归结果的稳健性。

（四）文本分析

本书使用文本分析的方法获取了CEO过度自信和功能维度分类下探索式合作和开发式合作两个变量。企业高管人员的性格特质的研究经常难以进行，部分原因是数据采集困难，CEO通常不愿意接受心理测试（Cycyota et al.，2006）。因此，笔者按照Malmendier（2008）、Chatterjee（2011）、Tang（2015）等人的研究方法，基于社会主流媒体的衡量标准来计算CEO过度自信的心理特质。笔者在Factiva数据库中搜索涉及1992—2015年在样本企业中就职的所有CEO的文章，通过对涉及该CEO的每一篇文章进行文本分析，最后综合衡量了CEO过度自信的程度。在计算功能维度分类下探索式合作和开发式合作时，笔者通过SDC数据库、企业官网、网络新闻和美国证券交易委员会（Securities and Exchange Commission，SEC）文件，整理了美国上市企业S&P 1500中高科技企业从1992—2015年的联盟数据和相应的联盟组建的细节描述，通过对焦点企业组建的联盟的具体描述进行文本分析，笔者对联盟双元合作模式进行了分类，进而得出企业功能维度分类下选择探索式合作的倾向值。

五、本章小结

为了探析本书提出的研究问题,即:①当企业的实际绩效不同于预期绩效时,绩效反馈怎样影响焦点企业选择联盟组合中功能、结构维度的双元合作?②绩效反馈逆差、顺差对企业双元合作选择行为的影响程度是否有区别?③CEO 过度自信怎样影响绩效反馈和联盟组合中功能、结构维度双元合作选择之间的关系?本书基于企业行为理论、资源基础理论、组织双元理论和高层梯队理论,针对焦点企业绩效反馈对联盟组合中双元合作选择的影响关系以及边界影响因素,构建了理论概念模型并提出了相对应的研究假设。

首先,本章基于企业行为理论和资源基础理论,探析了绩效反馈逆差、顺差对焦点企业选择功能、结构维度的双元合作的影响;其次,本章探析了焦点企业同等程度的绩效反馈逆差、顺差对联盟组合中探索式和开发式双元合作选择影响程度的区别;最后,考虑企业绩效反馈和双元合作选择间的关系极有可能受到决策者心理特质的影响,本书将 CEO 过度自信作为调节变量,探析其对焦点企业绩效反馈和联盟组合中双元合作选择间关系的影响。综上,本章通过理论推导和逻辑推理构建了本书的理论模型,提出了本书的 10 组假设,汇总如表 4 -2 所示。

表 4 -2 研究假设汇总表

假设	假设内容
H1a	焦点企业实际绩效低于社会比较预期绩效的程度越大,在进行联盟组合中双元合作选择时越倾向于选择功能维度探索式合作
H1b	焦点企业实际绩效低于历史比较预期绩效的程度越大,在进行联盟组合中双元合作选择时越倾向于选择功能维度探索式合作
H2a	焦点企业实际绩效低于社会比较预期绩效的程度越大,在进行联盟组合中双元合作选择时越倾向于选择结构维度探索式合作
H2b	焦点企业实际绩效低于历史比较预期绩效的程度越大,在进行联盟组合中双元合作选择时越倾向于选择结构维度探索式合作
H3a	焦点企业实际绩效高于社会比较预期绩效的程度越大,在进行联盟组合中双元合作选择时越倾向于选择功能维度探索式合作
H3b	焦点企业实际绩效高于历史比较预期绩效的程度越大,在进行联盟组合中双元合作选择时越倾向于选择功能维度探索式合作

续表

假设	假设内容
H4a	焦点企业实际绩效高于社会比较预期绩效的程度越大，在进行联盟组合中双元合作选择时越倾向于选择结构维度探索式合作
H4b	焦点企业实际绩效高于历史比较预期绩效的程度越大，在进行联盟组合中双元合作选择时越倾向于选择结构维度探索式合作
H5a	社会比较绩效反馈逆差比绩效反馈顺差对焦点企业选择功能维度探索式合作的影响更大
H5b	历史比较绩效反馈逆差比绩效反馈顺差对焦点企业选择功能维度探索式合作的影响更大
H6a	社会比较绩效反馈逆差比绩效反馈顺差对焦点企业选择结构维度探索式合作的影响更大
H6b	历史比较绩效反馈逆差比绩效反馈顺差对焦点企业选择结构维度探索式合作的影响更大
H7a	CEO 过度自信会正向调节社会比较绩效反馈逆差程度和企业选择功能维度探索式合作之间的关系
H7b	CEO 过度自信会正向调节历史比较绩效反馈逆差程度和企业选择功能维度探索式合作之间的关系
H8a	CEO 过度自信会正向调节社会比较绩效反馈逆差程度和企业选择结构维度探索式合作之间的关系
H8b	CEO 过度自信会正向调节历史比较绩效反馈逆差程度和企业选择结构维度探索式合作之间的关系
H9a	CEO 过度自信会正向调节社会比较绩效反馈顺差和企业选择功能维度探索式合作之间的关系
H9b	CEO 过度自信会正向调节历史比较绩效反馈顺差和企业选择功能维度探索式合作之间的关系
H10a	CEO 过度自信会正向调节社会比较绩效反馈顺差和企业选择结构维度探索式合作之间的关系
H10b	CEO 过度自信会正向调节历史比较绩效反馈顺差和企业选择结构维度探索式合作之间的关系

第五章　数据搜集与研究方法设计

一、样本选取

联盟组合作为企业获取资源、实现长期可持续发展的普遍且重要的战略行为，在全球范围内受到了企业的高度重视，被企业广泛采用。联盟是可以帮助企业获取有价值、稀缺性、不可模仿性和不可替代性资源的重要战略行为（Eisenhardt et al., 1996; Das et al., 2000）。已有研究显示，在技术需求度越高的行业，对创新的需求度越高，企业越倾向于通过合作寻求外部资源（Laursen et al., 2006），尤其是对于高科技行业来说，若想要保持核心竞争力，实现可持续发展必须要不断地进行创新，企业进行技术创新面临着更大的不确定性和风险性，需要更多、更广的资源，通过参与多个联盟，组建联盟组合可以有效地帮助企业获取资源、节约成本、分担风险，有助于高科技企业提升创新能力，实现可持续发展（Das et al., 2000; Kavusan et al., 2019）。

本书分别搜集中国和美国的上市企业的数据，在不同经济制度环境下验证本书的研究模型。其中，中国企业的材料选取 2008—2017 年主板、中小企业板和创业板医药制造业上市公司为研究对象。之所以选取上述样本的原因是，基于本书提出的研究框架，中国更适合于本书的研究情境。我国处于转型经济情境下，产学研合作持续深入发展，市场化改革取得了一定的进展，但是政府依然对企业存在干预，例如通过政府补助等手段帮助企业塑造更加良好的市场环境。

在搜集美国的数据时，本书选取了 1992—2015 年 S&P 1500 衡量对象中的美国高科技上市企业为研究对象（Kuusela et al., 2016），S&P 1500 评估对象包括美国股市中最具代表性的不同规模的 1500 家企业，能够反映美国股市的表现和趋势，被列入该评估对象的企业包括美国 500 家最大上市企业、400 家中等市值最具代表性的企业以及 600 家满足一定程度的流动性和稳定性要求的小型企业。

本书选取以上研究样本的原因是:第一,考虑到本书探析检验的是普适性的结论和命题,在情境上来看更适合建立在完全自由的市场经济情境下,美国作为实行自由市场经济的成熟的资本主义国家,市场可以按照经济规律进行发展,相对而言更适用于本书的研究情境,因此本书选择了美国上市企业作为本书的研究样本。第二,本书选择美国高科技行业上市企业的数据作为研究样本的原因主要有:①战略联盟是获取有价值知识、平衡成本和风险的重要战略措施之一,对高科技企业至关重要(Tyler et al.,2016)。高科技行业对新知识、新技术的需求更为迫切,且技术研发具有投入成本高、风险较大、收益不确定的特征,因此在高科技行业中,通过组建战略联盟分担风险、获取资源的现象更为普遍(Tyler et al.,2016)。②高科技行业中的技术变化速度相对较快,为了保持焦点企业自身的竞争力,获取长期竞争优势,企业会更为积极地针对现实情形做出相应的改变来适应当前行业的技术发展(Kuusela et al.,2016)。当企业的实际绩效与预期绩效出现差异时,高科技行业更可能会采取战略行动,例如在负向的绩效反馈时组建联盟组合寻求获取资源的更多渠道(Tyler et al.,2016),在正向的绩效反馈时进行更多的技术搜索,采取边界跨越行为(Klueter et al.,2017)。③本书结合高层梯队理论,分析了最具代表性的高层管理者 CEO 的性格特质对绩效反馈和企业战略决策之间关系的影响。相对而言,高科技行业中的 CEO 受到的限制较少,由于高科技行业变化较快且复杂性较高,高科技行业中的管理者通常拥有较高的自由裁量权(Tang et al.,2015),因此,该行业中 CEO 的性格特质对决策制定过程和结果的影响也会相对更大(Finkelstein et al.,1990),研究高科技行业中 CEO 的性格特质对绩效反馈和战略决策之间关系的影响更为合理。

二、数据搜集

在搜集中国数据时,本书通过 Wind(万得)数据库、企业官网和网络新闻,搜集并整理了企业联盟组合数据,通过从多个数据库搜集、对比联盟组合数据资料,保证了数据的可靠性。借鉴 Zhang(2020)、Sun(2015)等学者的处理方法,笔者对搜集的资料进行了文本分析。通过查阅分析,整理出本书研究样本企业的联盟组合相关信息。焦点企业的专利数据来源于国泰安专利数据库和中华人民共和国国家知识产权局。焦点企业的相关信息来源于国泰安数据库,例如组织冗余资源、政府补贴、企业规模、年龄、国有股权比例和研发经费支出等。

在搜集美国数据时,SDC 数据库是在联盟研究领域中最权威、应用最为广泛的数据库(Lin et al., 2007; Lavie et al., 2006),通过SDC数据库,本书收集了美国S&P 1500中包含的高科技企业1992—2015年的所有联盟数据,通过网络新闻公告、企业官网和企业提交给美国SEC的文件等渠道,本书在每一条联盟数据条后,记录了联盟的开始时间、联盟伙伴的名称、联盟简要描述、联盟的具体的描述、联盟伙伴的类别、联盟伙伴的行业名称等信息。

本书中选取的高科技企业是按照SIC(标准产业分类)代码进行分类的,SIC代码是区分企业所在行业使用最为广泛的分类方式,为了更加全面地涵括美国的S&P 1500中的高科技企业,本书整合概括了目前文献中使用较为权威的高科技行业的SIC代码,分别是28、35、36、37、38和737(Hirschey et al., 2001; Kwon, 2002)。28指的是化学品及相关产品制造行业,包括2813、2821、2834、2841、2851、2861、2873、2891等,涵括了工业无机化学品、药物制剂、生物制品、农药和农用化学品等行业;35指的是工商业机械制造厂,包括3519、3524、3532、3541等,涵括了电子计算机、计算机存储、计算机终端设备、农机设备等行业;36指的是电子和其他电子设备,包括3613、3629、3634、3646等,涵括了家用洗衣设备、半导体及相关器件、电子电容器等行业;37指的是运输设备制造商,包括3712、3714、3723、3754等,涵括了汽车整车制造、电车制造、金属船舶制造等行业;38指的是测量分析仪器,包括3812、3821、3822、3823、3845、3861等,涵括了工业测量仪器、电测量仪器、医用电疗仪等行业;737包括7371—7379,涵括了计算机程序设计服务、信息检索服务、计算机相关服务等行业。

起初,根据上述标准,本书搜集了392家高科技企业1992—2015年的联盟组合的数据,共包括8331个联盟组合纵向数据,考虑到本书的研究对象是焦点企业组建的联盟组合,因此参考Kavusan(2019)的研究,本书去除了在观测年间不存在联盟数据或者仅有一个观测联盟数据条的企业,这使得原先的观测值数量下降到了5179个,高科技企业数量由392家减少到234家。上市企业的财务数据、绩效等数据来源于Compustat数据库,关于CEO过度自信的原始资料来源于Factiva数据库,关于企业CEO的相关信息来源于ExecuComp数据库。本书通过数据配对最终获取了美国高科技行业224家上市企业1992—2015年的4171个联盟组合的纵向数据。表5-1描述了数据的来源。

表 5－1 数据来源汇总表

数据类型	数据来源
联盟组合数据	SDC 数据库、网络新闻、企业官网、SEC 文件
企业数据	Compustat 数据库
CEO 数据	ExecuComp 数据库
	Factiva 数据库

三、变量测度

（一）探索式合作倾向

按照 Lavie（2006）、Yang（2011）等学者的研究方法，基于联盟组合中的探索式合作和开发式合作是彼此对立冲突的假设（March，1991；He et al.，2004；Gupta et al.，2006；Stettner et al.，2014），本书使用了一个综合的连续变量，即探索式合作倾向来衡量企业选择双元合作的倾向高低，而不是分别单独地衡量探索式合作和开发式合作的倾向，当联盟组合中探索式合作比例高时，则相应的开发式合作的比例较低，仅计算探索式合作倾向能够反映焦点企业在联盟组合中选择双元合作的倾向高低（Lavie et al.，2006）。由于基于功能维度和结构维度区分联盟组合中探索式合作和开发式合作时，关注的问题和内容有着明显区别，本书分别计算了功能维度和结构维度探索式合作倾向来衡量焦点企业选择联盟组合中双元合作的倾向高低。

1．功能维度探索式合作倾向

功能维度的双元合作是根据企业组建的联盟在价值链中所发挥的功能进行区分的，功能维度探索式合作的目的是探索新技术、新机遇，和联盟伙伴分享隐性知识，研发新技术和新应用；开发式合作则是开发利用已有知识，和联盟伙伴分享显性知识，运用合作伙伴的现有能力进行商业化合作和市场营销活动（Rothaermel et al.，2004；Lavie et al.，2006）。

在测度焦点企业进行联盟组合配置时选择功能维度探索式合作倾向时，本书根据 Lavie（2006）、Yang（2011）等学者的研究分类方法，基于焦点企业组建的联盟在价值链中所发挥的功能对联盟进行了区分，并针对每一条联盟数据赋予了分值，通过对焦点企业组建联盟时的具体描述进行文本分析。第一，当针对该联盟的具体描述中仅包含有“探索、发现、设计、研究”等关键词,而不包括“市场化、专利许可、销售、供货、服务”等关键词时,笔者将此类联盟合作界定为探索式合作,记为“1”(Lavie et al., 2006);第二,当针对该联盟的具体描述中仅包含开发类的关键词而不包括探索类的关键词时,该联盟合作则被界定为开发式合作,记为“0”(Lavie et al., 2006; Yang et al., 2011);第三,当针对该联盟的具体描述中同时包含探索类和开发类的关键词时,则组建该联盟的目的既涉及价值链上游的探索新技术、新机遇及研发新技术、新应用,也涉及价值链下游的开发利用已有知识,进行市场营销,本书将此类联盟合作分值记为“0.5”(Rothaermel, 2004; Lavie et al., 2006; Yang et al., 2011)。

接下来,根据 Lavie 等(2006)的做法,焦点企业 i 在 t 年功能维度探索式合作倾向指的是该年该企业所有联盟的分值总和除以该年焦点企业组建的联盟总数的平均值。功能维度探索式合作倾向数值范围为 0~1,数值越大,则代表焦点企业 i 在 t 年进行探索式合作的倾向越高。例如,A 企业在 2000 年组建了 10 个联盟,其中 3 个联盟合作模式为探索式合作,总计为 3 分,5 个联盟合作模式为开发式合作,总计为 0 分,其余的 2 个联盟既包含探索式合作也包含开发式合作,总计为 1 分,那么 A 企业在 2000 年功能维度探索式合作倾向为 0.4。

2. 结构维度探索式合作倾向

本书中,联盟组合中结构维度的探索式合作和开发式合作是根据企业选择的联盟伙伴是新伙伴还是旧伙伴来区分的。根据 Lavie(2006)等学者的计算方法,在测度焦点企业进行联盟组合配置时选择结构维度探索式合作的倾向时,首先,通过 SDC 数据库识别企业 i 在 t 年组建的所有联盟,并确定每一个联盟所对应的联盟合作伙伴。其次,通过判断新组建联盟的合作伙伴是否和焦点企业有着较为活跃的联盟合作关系,即在新的联盟组建前 5 年时间中该合作伙伴和焦点企业是否有着联盟合作关系,来区分该新组建的联盟合作模式是结构维度分类时的探索式合作还是开发式合作(Beckman et al., 2004; Lavie et al., 2006; Kavusan et al., 2019)。其中,若是联盟合作伙伴与焦点企业在新的联盟组建前并未存在仍处于活跃状态的联盟,则该联盟合作伙伴为新伙伴,该联盟的合作模式被划定为结构维度探索式合作;若是联盟合作伙伴与焦点企业在新的联盟组建前仍存在处于活跃状态的联盟,则该联盟合作伙伴为旧伙伴,该联盟模式被划定为结构维度开发式合作。最后,对于每一家焦点企业 i 而言,结构维度探索式合作倾向指

的是焦点企业 i 在 t 年组建的和新伙伴进行探索式合作的数量占据焦点企业 i 在 t 年所有联盟数量的比例（Lavie et al., 2006），结构维度探索式合作倾向大小介于0～1，数值越大，代表焦点企业在进行联盟组合配置时选择探索式合作的倾向越高，反之，则代表焦点企业进行探索式合作的倾向越低。

考虑到上述双元合作分类方法将焦点企业组建的第一个联盟的合作模式默认为探索式合作（Lavie et al., 2006），本书在稳健性检验中，排除了焦点企业在观测年间第一个存在联盟观测值的数据条，并重新进行了数据回归分析。结果显示，无论是否去除企业在观测年间组建的第一个联盟的观测值，结果是保持一致且稳固的。

（二）绩效反馈

绩效反馈指的是组织的实际绩效和预期绩效之间的差异，预期绩效指的是特定的组织对绩效的期望水平，在研究中也被称为组织目标、组织参考点等。在研究绩效反馈时，焦点企业的绩效类型大致可以分为财务类指标和非财务类指标。财务类指标主要包括企业的资产收益率、股东权益回报率、资产负债率等（Kuusela et al., 2016），非财务类指标包括新产品开发数量（Tyler et al., 2016）、专利数量等（Lungaenu et al., 2015；Kavusan et al., 2019）。考虑到本书关注的是企业选择双元合作的决策行为、CEO 过度自信等指标，笔者选取了资产收益率（ROA）作为绩效反馈的比较指标。因为 ROA 不仅是在绩效反馈研究中最广泛使用且有效的衡量标准（Shinkle, 2012），并且就资产收益率而言，管理者和股东都能够从财务报表随时获得（Kuusela et al., 2016）。设定一个合适的期望水平非常重要，可以帮助管理者制定更合理的战略目标，激励或约束员工、企业的实际绩效和组织预期绩效之间的差异，即绩效反馈会影响企业的战略行为。

社会比较和历史比较的比较对象不同，企业通过与其他相似企业的绩效水平进行比较得到社会比较绩效反馈，企业通过与自身过去的绩效和目标进行比较得到历史比较绩效反馈（Greve, 2003; Lucas et al., 2018）。已有研究指出，社会维度和历史维度比较时绩效反馈对企业战略决策制定的影响不一致（Lant et al., 1992; Mishina et al., 2010; Kim et al., 2015; Klueter et al., 2017; Ref et al., 2017），因此本书分别基于社会比较和历史比较维度探析绩效反馈对联盟组合中双元合作选择的影响。

社会比较绩效反馈指的是焦点企业的实际资产收益率和该企业所处同行业

的所有企业的资产收益率的中位数的差值（Iyer et al.，2008；Kuusela et al.，2016），本书按照Iyer（2008）、Kuusela（2016）等学者的测量方法，采用了焦点企业所在行业的企业绩效水平的中位数来衡量行业中等绩效水平，将中位数作为社会比较时预期水平，同一行业指的是四位SIC代码相同的企业（Iyer et al.，2008）。考虑到绩效反馈逆差和绩效反馈顺差对企业的影响程度可能存在差异，本书使用样条函数计算了社会比较绩效反馈逆差和绩效反馈顺差（Greve，2003；Kim et al.，2015；Kavusan，2019）。本书将绩效反馈分为了两个变量，分别是社会比较绩效反馈逆差和社会比较绩效反馈顺差。针对社会比较绩效反馈逆差，实际绩效大于或等于社会比较预期绩效的部分被设置为0，实际绩效小于社会比较预期绩效的部分的差异值为社会比较绩效反馈逆差；针对社会比较绩效反馈顺差，实际绩效小于或等于社会比较预期绩效的部分被设置为0，实际绩效大于社会比较预期绩效的部分的差异值为社会比较绩效反馈顺差。

历史比较绩效反馈指的是焦点企业在当前阶段的实际资产收益率与本企业历史预期绩效水平的差值，历史比较绩效反馈是基于经典的递归度量进行计算的，该计算方式通过赋予企业历史前一年度实际绩效和企业历史前一年度的预期绩效水平一定的权重，进而计算出企业现阶段的预期绩效水平（Cyert et al.，1963）。

企业 i 在 t 年的历史比较组织预期水平是根据 $t-1$ 时期的 i 企业实际绩效和预期绩效计算得出的，其计算公式为

$$A_t = \alpha A_{t-1} + (1-\alpha) P_{t-1} \tag{5-1}$$

式中：A_t 表示 t 时期的组织期望水平，P_{t-1} 是企业在 $t-1$ 时期的实际绩效，A_0 由面板数据中第一年的绩效水平定义。现阶段的期望水平随着 $t-1$ 时期的实际绩效水平和预期水平的变化而随之改变。系数 α 反映的是 $t-1$ 年的预期绩效水平和 $t-1$ 年的实际绩效水平影响现阶段预期绩效水平的相对重要性程度，α 值越大，表示 $t-1$ 时期的预期绩效对现阶段的预期绩效水平的影响程度更大。本书依照Baumet（2005）、Kuusela（2016）等学者的研究方法，选择 α 值为0.75。在稳健性检验中，本书分别选取 α 值为0.5、0.25进行进一步的检验（Greve，2003；Kuusela et al.，2016）。与社会比较绩效反馈逆差和顺差的计算方法类似，针对历史比较绩效反馈逆差，实际绩效大于或等于历史比较预期绩效的部分被设置为0，实际绩效小于历史比较预期绩效的部分的差异值为历史比较绩效反馈逆差；针对历史比较绩效反馈顺差，实际绩效小于或等于历史比较预期绩效的部分被设置

为0,实际绩效大于历史比较预期绩效的部分的差异值为历史比较绩效反馈顺差。

(三)CEO 过度自信

上市企业的高层管理人员通常不愿意接受心理测试(Cycyota et al., 2006)。考虑到此因素,本书中按照 Malmendier(2008)、Tang(2015)等人的研究方法,用另外一种较不引人注目的方式来测量 CEO 过度自信的个人特质,即基于社会主流媒体的报道来测量 CEO 过度自信。过度自信指的是个体对自身能力以及预测事物的准确程度过高估计,导致个体经常高估收益、低估风险,倾向于进行较具有风险性的战略行为的特质。其中,过度自信分为绝对的自信和相对的自信,绝对的过度自信是与自身比较产生的结果,个体认为自身能力知识超过自我的实际水平,相对的过度自信是与他人比较产生的结果,个体认为自己的能力知识超过其他人。

笔者在 Factiva 数据库中搜索了同一企业在本书样本观测年度的所有 CEO 的文章。Factiva 数据库是世界一流的信息数据库之一,提供了全球范围内最有价值的新闻和商业信息,除了道琼斯和路透社新闻电讯、华尔街日报等独家组合新闻服务以外,还囊括了全球最有影响力的电讯和报刊所报道的全部信息,如英国广播公司、美国有线电视新闻网、美国全国广播公司、福克斯电影公司、《纽约时报》《南华早报》《泰晤士报》《经济学家》《财富》《时代周刊》等 2300 余种报纸和机构,以及世界各地的地方性著名新闻机构发布的信息。

本书按照 Malmendier(2008)、Chatterjee(2011)、Tang(2015)等人的研究方法,在 Factiva 数据库中通过匹配获取了本书涉及的每个焦点企业的唯一 Factiva 数据库代码,并根据该企业唯一代码和该企业观察期间 CEO 的姓名作为关键词分别在美国《纽约时报》《彭博商业周刊》《华尔街日报》《财富》《福布斯》等新闻库中进行逐一搜索,并将包括关键词的新闻文章全部下载为文本。对于每个 CEO,我们针对 CEO 上任第一年和卸任 $t-1$ 年之间发表的文章进行统计。对于每个 CEO,我们记录:①包含"自信的(confident)""自信(confidence)""过度自信"(overconfidence)"乐观的(overconfident)""乐观(optimism)""乐观的(optimistic)""过度乐观的(overoptimistic)"和"过度乐观(over-optimism)"等词的形容词和名词形式的文章数量(Malmendier et al., 2008; Chatterjee et al., 2011; Tang et al., 2015);②使用"悲观主义的(pessimistic)""悲观主义(pessimism)"

“过度悲观的（over-pessimistic）”“过度悲观（over-pessimism）”“可靠（reliable）”“稳定（steady）”“实用（practical）”“保守（conservative）”“节俭（frugal）”“谨慎（cautious）”或“悲观（gloomy）”“不自信（not confident）”“不乐观（not optimistic）”“失望的（disappointing）”“失望（disappointed）”等词的形容词和名词形式的文章数量（Malmendier et al.，2008；Chatterjee et al.，2011；Tang et al.，2015）；③在一篇文章中，如果相关的形容词或名词和CEO姓名出现的位置相隔很远，则该形容词或名词很有可能不是形容该CEO的性格特质，因此本书按照Tang（2015）等提出的“十词原则”，认为只有当CEO的姓名和文中提到的相关的形容词或名词距离不超过十个单词时，才认为该相关形容词或名词是形容该CEO的；④我们根据“自信”类型术语出现的次数和“保守”类型术语出现的次数之间的差异，衡量了CEO过度自信的程度（Chen et al.，2014；Hribar et al.，2016）。

在衡量CEO过度自信时，有学者采用了两分法，即在涉及该CEO在焦点企业上任的入职年至离职的前一年的所有文章中，如果包含“自信”类型术语的文章报道数量超过了“保守”类型术语的文章报道数量，则CEO被归结于过度自信，另一组则是非过度自信（Malmendier et al.，2008；Hirshleifer et al.，2012）。该测量方法的潜在缺点是，如果不存在描述该CEO在焦点企业的相关文章，则该CEO会被归结于非过度自信组。文本中规避了该潜在缺点，采用了Hribar（2016）、Chen（2014）等学者对CEO过度自信的测量方法，本书的CEO过度自信是通过计算包括“自信”类型术语的文章数量和“保守”类型术语的文章数量的差值和涉及该CEO在该焦点企业的所有文章的比值来衡量的，是一个连续型变量，取值范围为［-1,1］，在该取值区间中，值越大代表CEO越过度自信。本书采取的测量方式能够更有效地计算没有新闻报道的CEO过度自信的水平，该测量方式将没有媒体报告的CEO的过度自信指标取值为0（Chen et al.，2014；Hribar et al.，2016）。

（四）控制变量选取

1. CEO层面的控制变量

本书控制了CEO是否是总经理、董事长二职合一和CEO任期两个控制变量（Chen et al.，2015；Tang et al.，2015）。其中，当焦点企业的CEO同时兼任董事长的职位时，CEO不仅是战略决策的制定者，也是董事会的最高地位成员——董事长，二职合一的CEO会拥有更大的权力，其自身的特质会更大限度地影响企业的战略决策(Tang et al., 2015)。此外,在任时间越长的CEO,对企业也会越了解,在企业中的相对话语权也会更高,CEO的个人特质对企业的战略决策的影响程度可能会更大(Chen et al., 2015)。

2. 企业层面的控制变量

企业层面的控制变量包括资源冗余、研发投入强度、广告支出强度、企业规模、企业联盟经验、外部环境不确定性以及年份和行业的哑变量。考虑到资源冗余会影响企业进行联盟组合配置(Kavusan et al., 2019),本书控制了资源冗余。资源冗余指的是企业的销售费用和管理费用之和与该企业的销售收入的比值(Tyler et al., 2016;吕迪伟　等,2018)。在计算焦点企业的研发投入强度时,本书按照Tyler(2016)、Chatterjee(2011)、Iyer(2008)等学者的测量方法,采用研发投入和焦点企业的全部销售额的比例作为研发投入强度,已有研究指出企业的研发投资对企业的探索、创新、承担风险等决策有影响,研发投资较多的企业相对来说更倾向于承担更多的风险,进行更多的探索创新的战略行为(Tyler et al., 2016)。广告支出强度可以反映企业拥有的市场化资源(Iyer et al., 2008),是指焦点企业的广告费用和全部销售额的比例。由于规模较大的企业拥有的资产相对较多,承担风险的能力相对较强(Audia et al., 2006),因此本书控制了企业的规模,用企业资产的自然对数进行衡量(Chatterjee et al., 2011)。企业之前的联盟经验会影响企业的学习能力、战略决策行为和绩效表现等(Hashai et al., 2015),从知识学习的视角看,随着企业联盟经验的累加,企业的学习能力和吸收能力也会发生相应的变化(Anand, 2000; Wassmer, 2010),影响企业的联盟行为(Reuer et al., 2002),本书将企业之前的联盟经验作为控制变量。学者使用不同的方法来计量企业之前的联盟经验,如有学者将企业成立以来所有的联盟数量加总作为企业的联盟经验(Hashai et al., 2015),有学者认为年限距离太长的联盟经验对现阶段的企业影响较小,因此不同的学者采用了三年、五年等时间跨度中组建的联盟数量来作为企业之前的联盟经验(Kale et al., 2002; Heimeriks et al., 2007),本书采用了企业在之前三年中组建联盟的数量作为企业的联盟经验。在涉及外部环境不确定性的研究中,环境慷慨性、环境动态性是应用最为广泛且认可度较高的反映外部环境特质的变量(Dess et al., 1984; Keats et al. 1988; Sharfman et al., 1991; Wade et al. 2004; Tang et al., 2015;陈志军　等,2012)。环境慷慨性衡量了一个行业中企业发展机遇的大小程度,本书中的环境慷慨性是用在五年的时间窗口中,以该行业的销售收入作为因变量,以该时间窗口中该行业企业的销售平均值为自变量,再用该回归方程的回归系数除以该时间窗口中行业的销售平均值,即得到衡量环境慷慨性的值(Dess, 1984; Castrogiovanni, 2002; 武立东　等,2016)。环境动态性主要反映的是外部行业环境的不稳定性,大多数文章显示,人事变更率、不可预测性等均反映了环境的平稳性(Dess et al., 1984)。本书运用行业销售额的不稳定性来反映外部行业环境的动态变化(Xue et al., 2010)。本书中,环境动态性指的是在五年的时间窗口中,以企业的销售额作为因变量、时间年份作为自变量进行回归,再用该回归方程的回归系数的标准差除以该时间窗口中行业的销售平均值,即得到环境动态性的值(Dess et al., 1984;Bergh et al., 1998; Castrogiovanni, 2002)。此外,考虑到企业进行探索式或者开发式双元合作的选择会受外部市场环境的影响,不同的年份和行业可能会影响企业双元决策的制定(Kuusela et al., 2016),因此,本书对年份和行业均进行了控制。

四、模型设定及其分析方法选取

本书中使用的联盟数据来自 SDC 数据库,财务数据来自 Compustat 数据库,高管层面变量数据大部分来自 ExecuComp 数据库,心理特质变量分析来自 Factiva 数据库。这些数据库都是使用广泛、权威的数据库,受到了学术界的认可。因此,本书的数据相对来说能够较为准确、客观地分析企业的实际情况,能够提供较为准确的解释结果。为了保证多元线性模型选取的正确性,需要根据回归模型是否存在多重共线性、自相关、异方差等问题,根据数据本身结构特征和存在问题选择相应的最为合适的回归方法。

首先,多重共线性指的是在设定的线性回归模型中,由于解释变量存在高度的相关关系导致模型估计非有效而失去准确性。本书采取使用最为广泛的方差膨胀因子诊断法(VIF)来判断线性回归模型是否存在多重共线性。通过对文章中所有回归模型进行检验,本书各回归模型的 VIF 值均大于 0 且小于 2。一般来说,当 VIF 值大于 0 且小于 10 时,默认为不存在严重的多重共线性,因此,本书设定的多元线性回归模型不存在严重的多重共线性问题。其次,通过使用 Wooldridge(2002)提出的沃尔德检验方法,分析结果显示该面板数据存在自相关问题。最后,通过使用 Creene(2000)提出的沃尔德检验方法,分析结果显示该面板数据存在异方差问题。因此,在面板数据存在自相关和异方差等问题的情形下，无论是固定效应面板估计模型还是随机效应面板估计模型都存在一定的误差。在此类情形下，可行广义最小二乘法（FGLS）对于面板数据存在的自相关、异方差等问题也能较为准确、有效地估计（陈强，2014）。因此，本书采用了可行广义最小二乘法，这个方法在战略创新管理领域的研究中被广泛使用（Yang et al.，2013；Lungeanu et al.，2016；Yamakawa et al.，2011）。此外，基于 Hayes（2013）、Cohen（2013）、温忠麟（2005）等学者的研究，在进行调节效应的分析时，为了增加回归分析时系数的解释意义，削弱自变量和调节变量交互项之间可能存在的多重共线性关系，本书对自变量和调节变量进行了中心化处理。

首先，笔者分析了社会比较和历史比较时绩效反馈逆差、顺差对联盟组合中探索式和开发式双元合作的主效应，基于功能维度和结构维度区分了联盟组合中的探索式合作和开发式合作，为后续研究奠定了基础。本书同时探析了社会比较和历史比较绩效反馈（Baum et al.，2005；Greve，1998；Lucas et al.，2018），考虑到绩效反馈逆差和绩效反馈顺差对企业的影响程度可能存在差异，本书按照 Kim（2015）、Tyler（2016）、Kavusan（2019）等学者的研究方法，使用样条函数计算社会比较和历史比较时绩效反馈逆差和绩效反馈顺差。本书构建了绩效反馈逆差、顺差分别对焦点企业在进行联盟组合配置时选择探索式合作的倾向的主效应方程，回归方程为

$$Y_{i,t} = \alpha + \beta_1 B_{i,t-1} + \beta_2 A_{i,t-1} + \theta \text{Controls}_{i,t-1} \qquad (5-2)$$

式中：α 是常数项，$Y_{i,t}$ 是焦点企业 i 在 t 年进行联盟组合双元合作模式配置时选择探索式合作的倾向（包括功能维度和结构维度），$B_{i,t-1}$ 是自变量，是指焦点企业 i 在 $t-1$ 年时绩效反馈逆差的绝对值（包括社会比较和历史比较），$A_{i,t-1}$ 是自变量，是指焦点企业 i 在 $t-1$ 年时绩效反馈顺差（包括社会比较和历史比较），$\text{Controls}_{i,t-1}$ 是控制变量。

其次，为了检验社会比较和历史比较时，绩效反馈逆差和绩效反馈顺差对企业选择探索式合作倾向的影响是否有显著区别，本书使用了 Wald（1943）提出的沃尔德检验方法，其检验原理是通过研究变量之间的距离进行检验（陈强，2014）。在本书中，为了检验绩效反馈逆差（B）和绩效反馈顺差（A）对企业选择探索式合作倾向的影响是否有显著区别，根据沃尔德检验方法，原假设为

$$H_0: B = A \qquad (5-3)$$

假设 B' 是 B 的无约束估计量，如果 H_0 正确，则 $(B' - A)$ 的绝对值不应该显著异于零。当 $(B' - A)$ 的绝对值显著异于零时，则拒绝原假设，显示绩效反馈逆

差(B)和绩效反馈顺差(A)对企业选择探索式合作倾向的影响程度存在显著区别。

最后,调节变量可以检验影响理论成立的因素,调节变量可以验证主效应在影响因素不同时是否仍然成立或者会产生变化。调节变量的存在会影响主效应中自变量和因变量的关系的强弱,甚至变化方向。本书使用STATA软件进行了调节变量的检验,分析了CEO过度自信对绩效反馈和探索式合作倾向之间关系的调节作用,基于此建立如下回归方程。

$$Y_{i,t} = \alpha + \beta_1 B_{i,t-1} + \beta_2 A_{i,t-1} + \beta_3 O_{i,t-1} + \beta_4 B_{i,t-1} O_{i,t-1} + \beta_5 A_{i,t-1} O_{i,t-1} + \theta \text{Controls}_{i,t-1} \quad (5-4)$$

式中:α 是常数项,$Y_{i,t}$ 是焦点企业 i 在 t 年时进行联盟组合双元合作模式配置时选择探索式合作的倾向(包括功能维度和结构维度),$B_{i,t-1}$ 是自变量,是指焦点企业 i 在 $t-1$ 年时绩效反馈逆差的绝对值(包括社会比较和历史比较),$A_{i,t-1}$ 是自变量,是指焦点企业 i 在 $t-1$ 年时绩效反馈顺差(包括社会比较和历史比较),β_1、β_2 分别为绩效反馈逆差和绩效反馈顺差对焦点企业选择探索式合作倾向的影响的直接效应,$O_{i,t-1}$ 为调节变量,是指焦点企业 i 在 $t-1$ 时期CEO过度自信的水平,绩效反馈逆差、顺差和企业进行双元合作选择之间的关系受到CEO过度自信的调节作用,$\text{Controls}_{i,t-1}$ 是控制变量。

五、本章小结

本章主要介绍了样本的选取、数据的搜集过程,研究了相关变量的测度和数据分析回归方法。具体来说,首先,本章基于前文中提出的理论框架模型和相应的研究假设,详细描述了本书所包含变量的样本选取和具体的数据搜集、整理过程;其次,描述了自变量、因变量、调节变量和控制变量的测度方法;最后,结合数据特征指出了本书采取的数据分析回归方法,包括回归模型的选取、变量之间的比较、调节效应的检验方法等。

第六章　数据分析

一、描述性统计与相关性分析

本书使用的所有的样本企业的描述性统计数据如表 6－1 所示。本书最初涵括的企业是 S&P 1500 指数中 SIC 码为“28、35、36、37、38 和 737”的企业，年份跨度为 1992—2015 年，经过筛选后一共存在 420 家高科技行业的上市企业。根据 Kavusan(2019)等的研究方法，本书探析的为联盟组合现象，除去了在观测年间联盟总数量少于 2 的企业，此时样本数据包括 234 家上市企业 1992—2015 年 5179 个联盟组合纵向数据，通过对样本数据进行配对整理，本书通过数据配对最终获取了美国高科技行业 224 家上市企业 1992—2015 年的 4171 个联盟组合的纵向数据，样本中的高科技上市企业在 1992—2015 年，一家上市企业在一个年度最多组建了 119 个联盟，在观测年间组建联盟最多的一家企业一共组建了 948 个联盟。

从表 6－1 的描述性统计结果可以看出：功能维度探索式合作倾向均值为 0. 200，结构维度探索式合作倾向的均值为 0. 353，对比功能维度和结构维度探索式合作倾向，企业和新伙伴进行合作的意愿要强于以知识生成、技术研发为目的的探索式合作意愿。从社会比较绩效反馈逆差和顺差的描述性统计分析结果来看，社会比较绩效反馈逆差绝对值的均值为 0. 038，标准差为 0. 300；社会比较绩效反馈顺差的均值为 0. 212，标准差为 0. 232。从历史比较绩效反馈逆差和顺差的描述性统计分析结果来看，历史比较绩效反馈逆差绝对值的均值为 0. 049，标准差为 0. 280，历史比较绩效反馈顺差的均值为 0. 091，标准差为 0. 421。从企业层面其他变量的描述性统计分析结果来看，研发投入强度的均值为 0. 234 ，标准差为 2. 400；广告支出强度的均值为 0. 118，标准差为 0. 056，比较两者可知，对于高科技企业来说，研发投入强度要高于广告支出强度。从企业所处环境变量的描

表6－1 描述性统计与相关性分析

变量	样本数	均值	标准差	1	2	3	4	5	6	7	8	9	10	11	12	13	14	15	16
1. 功能维度探索式合作倾向	4171	0.200	0.317	1															
2. 结构维度探索式合作倾向	4171	0.353	0.466	0.759***	1														
3. 社会比较绩效反馈逆差绝对值	4171	0.038	0.300	0.001	-0.002	1													
4. 社会比较绩效反馈顺差	4171	0.212	0.232	0.086***	0.045***	-0.080***	1												
5. 历史比较绩效反馈逆差绝对值	4171	0.049	0.280	0.027*	0.024*	0.430***	-0.104***	1											
6. 历史比较绩效反馈顺差	4171	0.091	0.421	-0.02	-0.019	0.034**	0.007	-0.027*	1										
7. CEO过度自信	4171	0.018	0.407	0.045***	0.051***	0.008	-0.008	0.021	-0.003	1									
8. 资源冗余	4171	0.750	5.787	-0.008	-0.001	0.042***	-0.034**	0.008	0.051***	-0.044***	1								

续表

变量	样本数	均值	标准差	1	2	3	4	5	6	7	8	9	10	11	12	13	14	15	16
9. 环境慷慨性	4171	0.075	0.087	0.105***	0.081***	0.057***	0.084***	0.099***	0.026*	-0.037***	0.023	1							
10. 环境动态性	4171	0.028	0.025	-0.021	-0.009	0.005	-0.093***	0.044***	-0.025*	-0.029**	-0.025*	0.116***	1						
11. 研发投入强度	4171	0.234	2.400	-0.011	-0.008	0.079***	-0.038***	0.01	0.066***	-0.029**	0.905***	0.013	-0.029**	1					
12. 广告支出强度	4171	0.118	0.056	0.018	0.040***	0.037***	0.024*	0.068***	-0.004	0.014	0.075***	0.106***	0.059***	-0.001	1				
13. 企业规模	4171	6.786	1.782	0.220***	0.223***	-0.141***	0.105***	-0.044***	-0.132***	0.109***	-0.086***	-0.191***	0.002	-0.085***	0.021	1			
14. 二职合一	4171	0.489	0.500	0.081***	0.086***	-0.048***	0.071***	-0.030**	-0.060***	-0.040***	-0.064***	-0.077***	0.047***	-0.053***	0.002	0.336***	1		
15. CEO任期	4171	6.255	4.500	-0.045***	-0.057***	-0.032**	0.058***	-0.007	-0.028**	-0.013	-0.003	-0.098***	-0.073***	-0.004	-0.022	0.084***	0.224***	1	
16. 企业联盟经验	4171	4.333	14.557	0.289***	0.252***	0.017	0.085***	0.023	-0.021	0.104***	-0.012	0.126***	0.030**	-0.01	0.079***	0.292***	0.049***	-0.062***	1

注：*** 表示 $p \leqslant 0.01$，** 表示 $p \leqslant 0.05$，* 表示 $p \leqslant 0.1$。

述性统计分析结果来看，环境慷慨性的均值为0.075，外部环境慷慨性越大，代表企业能够获得的发展机遇越多，但企业同时也会面临更激烈的竞争（陈志军　等，2012；武立东　等，2016）。环境动态性取值范围的均值为0.028，环境动态性越大，表示企业所面临的环境的不可预测性和不稳定性越大，环境的急速变化会导致企业采取的战略行为和结果之间的关系更加不明确。从CEO层面变量的描述性统计分析结果来看，反映CEO心理特质的CEO过度自信的均值为0.018，任期较长的CEO在企业的相对话语权更高，且更了解企业实际的经营情况，CEO任期的平均年限为6.255年。

相关性分析能够初步地判断不同的变量之间可能存在的线性关系以及变量间可能存在关系的紧密程度。通过计算焦点企业的功能维度和结构维度探索式合作的倾向、社会、历史比较绩效反馈逆差绝对值和顺差、心理特质、CEO过度自信、环境慷慨性、环境动态性、企业层面的控制变量研发和广告投入、企业规模、经验等，以及CEO层面的控制变量二职合一、任期长短等变量两两之间的皮尔逊相关系数、变量之间的显著性p值，可以看出变量之间存在的相关关系，这为后续的假设检验初步奠定了基础，变量之间的相关性分析结果具体见表6－1。从表6－1的相关性分析结果可以看出：对焦点企业在进行联盟组合配置时选择探索式合作的倾向而言，功能维度和结构维度探索式合作倾向的相关系数为0.759，两者存在显著的正相关关系。考虑无论是和上游联盟伙伴进行以探索创新为目的的联盟合作，还是和新伙伴进行合作获取新知识，虽然从功能维度和结构维度区分联盟中的探索式合作存在差异，但是两者均反映的是焦点企业在进行联盟组合配置时进行探索创新的倾向，两者之间的关系应当是正相关的。社会比较绩效反馈顺差、历史比较绩效反馈逆差的绝对值均和企业进行功能、结构维度探索式合作倾向存在显著的正相关关系，这说明随着企业实际绩效和预期绩效差异的增大，无论是社会比较绩效反馈顺差还是历史比较绩效反馈逆差，都会促进企业在联盟组合中双元合作配置时选择功能、结构维度的探索式合作，但是社会比较绩效反馈逆差、历史比较绩效反馈顺差和功能、结构维度探索式合作倾向的关系不显著。由此说明，焦点企业的社会比较和历史比较的绩效反馈逆差、顺差对企业选择探索式合作有一定的影响，但是变量之间的关系仍然需要进行深入探析。从CEO层面特征来看，CEO过度自信、CEO二职合一与功能、结构维度探索式合作倾向存在显著的正向关联关系，说明过度自信的CEO和拥有更高权限的CEO会更倾向于进行探索式合作，但是CEO的任期与结构维度探索式合作倾向存在负向显著的关系，说明任期较长的 CEO 会抑制企业决策者选择更多的探索式联盟。环境慷慨性和企业之前的联盟经验均与功能、结构维度探索式合作倾向存在显著的正向关联关系，广告支出强度和结构维度探索式合作倾向存在显著的正向关联关系，但是和功能维度探索式合作倾向之间的关系不显著。冗余资源、环境动态性、研发投入强度和企业选择功能、结构维度探索式合作倾向关系不显著，变量之间的关系有待于进一步的分析和探讨。

对社会比较绩效反馈逆差绝对值而言，历史比较绩效反馈逆差绝对值与其正向相关且显著，代表焦点企业与自我纵向比较绩效反馈逆差程度和横向与其他企业比较绩效反馈逆差程度存在正向关系；对社会比较绩效反馈顺差而言，历史比较绩效反馈逆差绝对值与其负向相关且显著。

综上所述，本小节介绍变量的描述性统计与相关性分析，提供变量之间可能存在的线性关系，但是并不能解释这些变量共同作用结果下企业绩效反馈对企业选择联盟组合中探索式合作的影响，仍然需要进一步通过假设检验来探析变量之间的影响关系。

二、假设检验

本书前面介绍了描述性统计与相关性检验，通过分析结果可知焦点企业社会、历史比较绩效反馈逆差和顺差、CEO 过度自信和焦点企业选择联盟组合中探索式合作的倾向存在密切关系，但是具体到变量两两之间的影响和关系还需要深入分析。针对非平衡面板样本数据的具体特征，本书选取了在面板数据存在自相关、异方差等问题时也能较为准确有效估计的可行广义最小二乘法，探析了绩效反馈逆差、顺差对焦点企业选择功能、结构维度探索式合作倾向的影响。本书各个回归模型中的 VIF 值均大于 0 且小于 2，满足 VIF 值应当小于 10 的要求（O' Brien, 2007），可以认为模型不存在严重的多重共线性问题。

为了检验社会比较和历史比较绩效反馈逆差、顺差对焦点企业选择探索式合作倾向的直接效应以及调节变量 CEO 过度自信对主效应的调节作用，本书分别探析了社会比较、历史比较绩效反馈对焦点企业选择功能维度、结构维度的探索式合作倾向的影响关系并对其进行了回归分析，研究了 CEO 过度自信对主效应的调节作用。表 6－2 是社会比较绩效反馈逆差、顺差和功能维度探索式合作倾向的关系。CEO 过度自信和社会比较绩效反馈逆差绝对值的交互项对焦点企业出于知识生成、技术研发的目的进行探索式合作的回归系数显著为正（$\beta=0.238$，

$p \leqslant 0.05$),这表明CEO过度自信促进了绩效反馈逆差程度和焦点企业选择功能维度探索式合作的正向关系,支持了本书H7a。本书进一步绘制了调节效应图,能够更加直观地看出CEO过度自信对社会比较绩效反馈逆差绝对值和企业选择功能维度探索式合作倾向之间的调节作用(见图6-1)。CEO过度自信和社会比较绩效反馈顺差的交互项对焦点企业出于知识生成、技术研发的目的进行探索式合作的回归系数显著为正($\beta = 0.145$, $p \leqslant 0.01$),表明当企业实际绩效高于社会比较预期绩效时,CEO过度自信促进了绩效反馈顺差和焦点企业选择功能维度探索式合作的正向关系,支持了本书H9a。本书进一步绘制了调节效应图,能够更加直观地看出CEO过度自信对社会比较绩效反馈顺差和企业选择功能维度探索式合作倾向之间的调节作用(见图6-2)。

表6-2 社会比较绩效反馈逆差、顺差和功能维度探索式合作倾向的关系

变量	模型1	模型2	模型3
二职合一$_{(t-1)}$	-0.007	-0.005	-0.007
	(0.007)	(0.008)	(0.008)
CEO任期$_{(t-1)}$	0.001	0.001	0.001*
	(0.001)	(0.001)	(0.001)
研发投入强度$_{(t-1)}$	0.000	-0.001	-0.001
	(0.002)	(0.002)	(0.002)
广告支出强度$_{(t-1)}$	0.114*	0.104	0.104
	(0.069)	(0.069)	(0.068)
企业规模$_{(t-1)}$	0.048***	0.051***	0.051***
	(0.002)	(0.002)	(0.002)
企业联盟经验$_{(t-1)}$	0.004***	0.003***	0.003***
	(0.000)	(0.000)	(0.000)
冗余资源$_{(t-1)}$	0.000	0.001	0.001
	(0.001)	(0.001)	(0.001)
CEO过度自信$_{(t-1)}$	-0.003	-0.003	0.000
	(0.010)	(0.010)	(0.107)
环境慷慨性$_{(t-1)}$	0.070	0.046	0.041
	(0.048)	(0.048)	(0.048)
环境动态性$_{(t-1)}$	-0.043	-0.075	-0.100
	(0.144)	(0.145)	(0.145)

续表

变量	模型 1	模型 2	模型 3
社会比较绩效反馈逆差绝对值$_{(t-1)}$		0.147***	0.142***
		(0.030)	(0.030)
社会比较绩效反馈顺差		0.088***	0.090***
		(0.018)	(0.018)
社会比较绩效反馈逆差绝对值$_{(t-1)}$ * CEO 过度自信$_{(t-1)}$			0.238**
			(0.100)
社会比较绩效反馈顺差$_{(t-1)}$ * CEO 过度自信$_{(t-1)}$			0.145***
			(0.045)
年份	Yes	Yes	Yes
行业	Yes	Yes	Yes
常数项	-0.084***	-0.102***	-0.100***
	(0.022)	(0.022)	(0.022)
观测值	4,171	4,171	4,171
企业数量	224	224	224

注：*** 表示 $p\leqslant0.01$，** 表示 $p\leqslant0.05$，* 表示 $p\leqslant0.1$；括号内数值为标准误；由于篇幅限制，未列示年份、行业虚拟变量的回归系数。

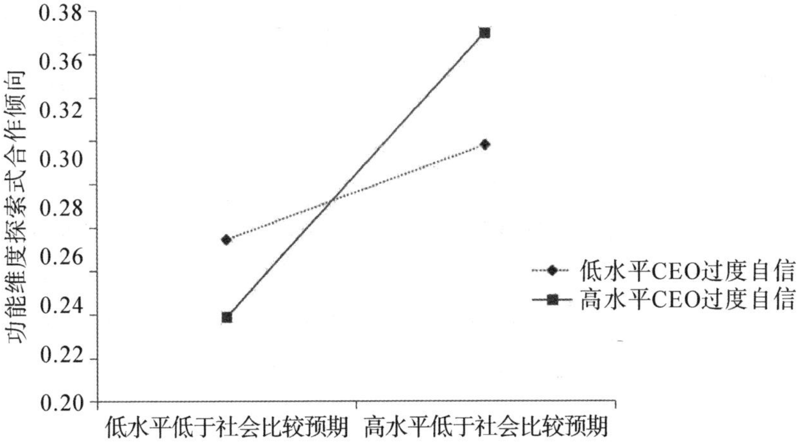

图 6－1　CEO 过度自信对社会比较绩效反馈逆差绝对值和功能维度探索式合作间关系的调节作用

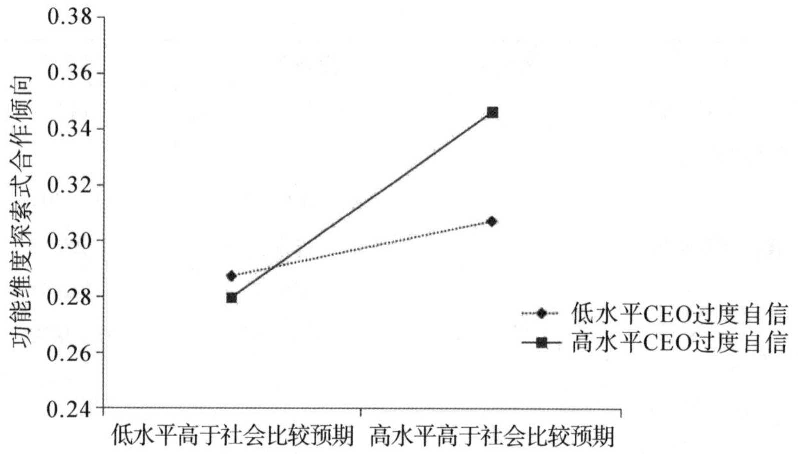

图 6-2 CEO 过度自信对社会比较绩效反馈顺差和功能维度探索式合作间关系的调节作用

表 6-3 检验的是社会比较绩效反馈逆差、顺差对结构维度探索式合作倾向的影响和区别,以及调节变量 CEO 过度自信对主效应的调节作用。从表 6-3 可见,模型 1 检验了回归模型中的控制变量对焦点企业选择结构维度探索式合作倾向的影响,企业层面的广告支出强度越大、企业规模越大、之前的联盟经验越丰富,企业和新伙伴进行探索式合作的倾向越高,而环境动态变化越快,则企业和新伙伴进行探索式合作的倾向越低。

表 6-3 社会比较绩效反馈逆差、顺差和结构维度探索式合作倾向的关系

变量	模型 1	模型 2	模型 3
二职合一$_{(t-1)}$	-0.010	-0.007	-0.008
	(0.014)	(0.014)	(0.014)
CEO 任期$_{(t-1)}$	0.000	0.001	0.001
	(0.002)	(0.002)	(0.002)
研发投入强度$_{(t-1)}$	0.005	0.003	0.003
	(0.003)	(0.003)	(0.003)
广告支出强度$_{(t-1)}$	0.367***	0.357***	0.353***
	(0.113)	(0.115)	(0.114)
企业规模$_{(t-1)}$	0.087***	0.090***	0.090***
	(0.004)	(0.004)	(0.004)

续表

变量	模型 1	模型 2	模型 3
企业联盟经验$_{(t-1)}$	0.002***	0.002***	0.002***
	(0.000)	(0.000)	(0.000)
冗余资源$_{(t-1)}$	-0.002	-0.001	-0.001
	(0.002)	(0.002)	(0.002)
CEO 过度自信$_{(t-1)}$	0.039**	0.039**	0.051***
	(0.017)	(0.017)	(0.018)
环境慷慨性$_{(t-1)}$	0.120	0.086	0.081
	(0.085)	(0.086)	(0.086)
环境动态性$_{(t-1)}$	-0.538**	-0.512*	-0.507*
	(0.268)	(0.270)	(0.270)
社会比较绩效反馈逆差绝对值$_{(t-1)}$		0.218***	0.204***
		(0.052)	(0.053)
社会比较绩效反馈顺差		0.119***	0.117***
		(0.032)	(0.032)
社会比较绩效反馈逆差绝对值$_{(t-1)}$ * CEO 过度自信$_{(t-1)}$			0.306*
			(0.159)
社会比较绩效反馈顺差$_{(t-1)}$ * CEO 过度自信$_{(t-1)}$			-0.040
			(0.068)
年份	Yes	Yes	Yes
行业	Yes	Yes	Yes
常数项	-0.105***	-0.128***	-0.126***
	(0.040)	(0.041)	(0.041)
观测值	4171	4171	4171
企业数量	224	224	224

注：*** 表示 $p \leqslant 0.01$，** 表示 $p \leqslant 0.05$，* 表示 $p \leqslant 0.1$；括号内数值为标准误；由于篇幅限制，未列示年份、行业虚拟变量的回归系数。

模型 2 检验了社会比较绩效反馈逆差和顺差对焦点企业选择结构维度探索式合作倾向的影响，表中的检验结果表明，社会比较绩效反馈逆差的绝对值与焦点企业选择结构维度探索式合作倾向回归系数显著为正（$\beta = 0.218, p \leqslant 0.01$），回归检验结果表明，当企业的实际绩效低于预期绩效的程度越大，则焦点企业越倾向于和新的联盟伙伴进行探索式合作，回归检验结果支持了本书 H2a。此外，社会比较绩效反馈顺差与焦点企业选择结构维度探索式合作倾向回归系数显著为正（β =0.119，$p \leqslant 0.01$），回归检验结果表明，当企业的实际绩效高于预期绩效的程度越大，焦点企业越倾向于和新联盟伙伴进行探索式合作，回归检验结果支持了本书 H4a。在此基础上，本书使用了 Wald 检验方法进一步检验社会比较绩效反馈逆差和顺差对焦点企业选择结构维度探索式合作的影响差异，根据 Wald 的检验结果，社会比较绩效反馈逆差绝对值和绩效反馈顺差两者的回归系数差异显著（卡方值 =3.36，$p \leqslant 0.1$），从回归系数可以看出，绩效反馈逆差对企业选择结构维度探索式合作的影响更大，本书 H6a 得到了验证。

模型 4 中加入了调节变量 CEO 过度自信，检验了调节变量 CEO 过度自信对社会比较绩效反馈逆差、顺差和焦点企业与新的联盟伙伴进行探索式合作之间关系的影响。从表 6－3 中可以看出，当企业的实际绩效低于社会比较预期绩效时，CEO 过度自信和社会比较绩效反馈逆差绝对值的交互项对焦点企业和新联盟伙伴进行探索式合作的回归系数显著为正（β =0.306，$p \leqslant 0.1$），这表明 CEO 过度自信促进了绩效反馈逆差绝对值和焦点企业选择结构维度探索式合作的正向关系，支持了本书 H8a。本书进一步绘制了调节效应图，使得能够更加直观地看出 CEO 过度自信对社会比较绩效反馈逆差绝对值和企业选择结构维度探索式合作倾向之间的调节作用（见图 6－3）。CEO 过度自信和社会比较绩效反馈顺差的交

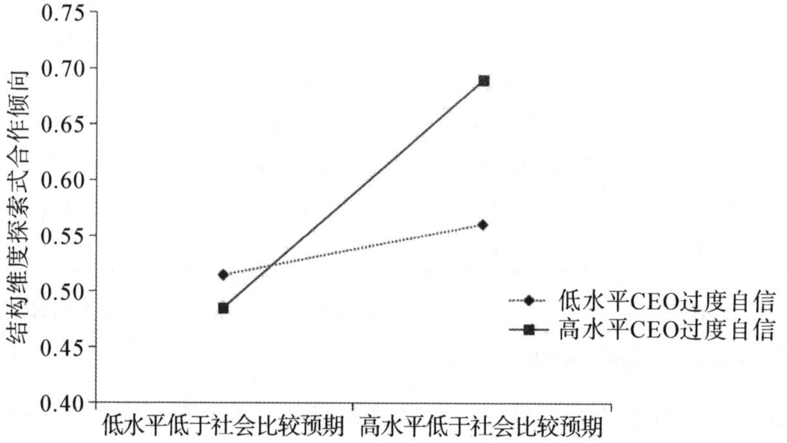

图 6－3　CEO 过度自信对社会比较绩效反馈逆差绝对值和结构维度探索式合作间关系的调节作用

互项对焦点企业和新伙伴进行探索式合作的回归系数不显著，当企业实际绩效高于社会比较预期绩效时，CEO 过度自信促进了绩效反馈顺差和焦点企业选择结构维度探索式合作的正向关系没有得到验证，即本书 H10a 没有得到验证。

表 6 -4 检验的是历史比较绩效反馈逆差、顺差对功能维度探索式合作倾向的影响和区别，以及调节变量 CEO 过度自信对主效应的调节作用。从表 6 -4 可见，模型 1 检验了回归模型中的控制变量对焦点企业选择功能维度探索式合作倾向的影响，企业规模越大，之前的联盟经验越丰富，广告支出强度越大，企业选择功能维度探索式合作的倾向越高。

表 6 -4　历史比较绩效反馈逆差、顺差和功能维度探索式合作倾向的关系

变量	模型 1	模型 2	模型 3
二职合一$_{(t-1)}$	-0.007	-0.006	-0.006
	(0.008)	(0.008)	(0.008)
CEO 任期$_{(t-1)}$	0.001	0.001	0.001
	(0.001)	(0.001)	(0.001)
研发投入强度$_{(t-1)}$	-0.000	-0.000	-0.001
	(0.002)	(0.002)	(0.002)
广告支出强度$_{(t-1)}$	0.114*	0.096	0.090
	(0.069)	(0.068)	(0.068)
企业规模$_{(t-1)}$	0.048***	0.049***	0.049***
	(0.002)	(0.002)	(0.002)
企业联盟经验$_{(t-1)}$	0.004***	0.004***	0.004***
	(0.000)	(0.000)	(0.000)
冗余资源$_{(t-1)}$	0.000	0.000	0.000
	(0.001)	(0.001)	(0.001)
CEO 过度自信$_{(t-1)}$	-0.003	-0.003	0.001
	(0.010)	(0.010)	(0.011)
环境慷慨性$_{(t-1)}$	0.070	0.060	0.059
	(0.048)	(0.048)	(0.048)
环境动态性$_{(t-1)}$	-0.043	-0.044	-0.043
	(0.144)	(0.144)	(0.143)

续表

变量	模型 1	模型 2	模型 3
历史比较绩效反馈逆差绝对值$_{(t-1)}$		0.092*** (0.034)	0.087** (0.034)
历史比较绩效反馈顺差		0.011* (0.006)	0.011* (0.006)
历史比较绩效反馈逆差绝对值$_{(t-1)}$ *CEO 过度自信$_{(t-1)}$			0.224** (0.105)
历史比较绩效反馈顺差$_{(t-1)}$ *CEO 过度自信$_{(t-1)}$			0.030 (0.053)
年份	Yes	Yes	Yes
行业	Yes	Yes	Yes
常数项	−0.084*** (0.022)	−0.086*** (0.022)	−0.087*** (0.022)

注：*** 表示 $p \leqslant 0.01$，** 表示 $p \leqslant 0.05$，* 表示 $p \leqslant 0.1$；括号内数值为标准误；由于篇幅限制，未列示年份、行业虚拟变量的回归系数。

模型 2 检验了历史比较绩效反馈逆差、顺差对焦点企业选择功能维度探索式合作倾向的影响，表 6－4 检验结果表明，历史比较绩效反馈逆差绝对值与焦点企业选择功能维度探索式合作倾向回归系数显著为正（$\beta = 0.092, p \leqslant 0.01$），回归检验结果表明，当企业的实际绩效低于历史比较预期绩效的程度越大，焦点企业越倾向于出于知识生成、技术研发的目的进行探索式合作，回归检验结果支持了本书 H1b。此外，历史比较绩效反馈顺差与焦点企业选择功能维度探索式合作倾向回归系数显著为正（$\beta = 0.011, p \leqslant 0.1$），回归检验结果表明，当企业的实际绩效高于历史比较预期绩效的程度越大，焦点企业越倾向于出于知识生成、技术研发的目的进行探索式合作，回归检验结果支持了本书 H3b。在此基础上，本书使用了 Wald 检验方法进一步检验历史比较绩效反馈逆差和顺差对焦点企业选择功能维度探索式合作的影响差异，根据 Wald 的检验结果，历史比较绩效反馈逆差绝对值和绩效反馈顺差两者的回归系数差异显著（卡方值 = 5.66，$p \leqslant 0.05$），从回归系数可以看出，历史比较绩效反馈逆差对企业选择功能维度探索式合作的影响更大，本书 H5b 得到了验证。

模型 3 中加入了调节变量 CEO 过度自信，检验了调节变量 CEO 过度自信对历史比较绩效反馈逆差、顺差和焦点企业出于知识生成、技术研发目的选择探索式合作倾向之间关系的影响，从表 6－4 可以看出，CEO 过度自信和历史比较绩效反馈逆差绝对值的交互项对焦点企业出于知识生成、技术研发目的进行探索式合作的回归系数显著为正（$\beta = 0.224, p \leqslant 0.05$），这表明 CEO 过度自信促进了绩效反馈逆差绝对值和焦点企业选择功能维度探索式合作的正向关系，支持了本书 H7b。本书进一步绘制了调节效应图，使得能够更加直观地看出 CEO 过度自信对于历史比较绩效反馈逆差绝对值和企业选择功能维度探索式合作倾向之间关系的调节作用（见图 6－4）。而当企业实际绩效高于历史比较预期绩效时，CEO 过度自信促进历史比较绩效反馈顺差和焦点企业选择功能维度探索式合作的正向关系没有得到验证，即本书 H9b 没有得到验证。

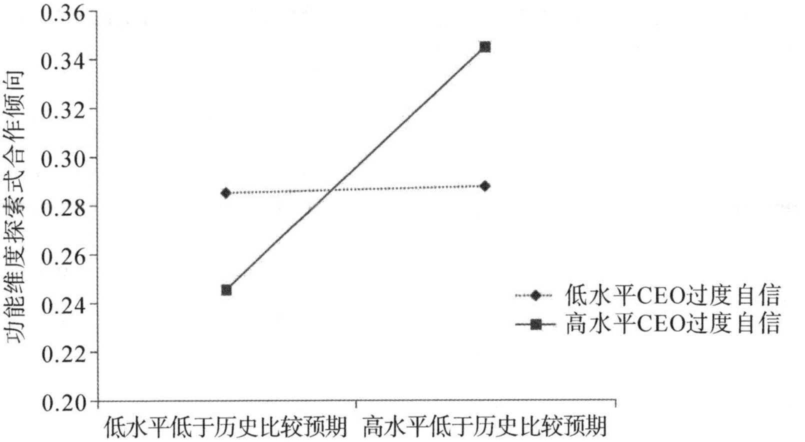

图 6－4　CEO 过度自信对历史比较绩效反馈逆差绝对值和功能维度探索式合作间关系的调节作用

表 6－5 检验的是历史比较绩效反馈逆差、顺差对结构维度探索式合作倾向的影响和区别，以及调节变量 CEO 过度自信对主效应的调节作用。从表 6－5 可见，模型 1 检验了回归模型中的控制变量对焦点企业选择结构维度探索式合作倾向的影响，广告支出强度越大、企业规模越大、联盟经验越丰富，CEO 过度自信程度越高，企业选择结构维度探索式合作的倾向越高；相反，环境动态变化越快，企业选择结构维度探索式合作的倾向越低。

模型 2 检验了历史比较绩效反馈逆差、顺差对焦点企业选择结构维度探索式合作倾向的影响,表中的检验结果表明,历史比较绩效反馈逆差绝对值与焦点企业选择结构维度探索式合作倾向之间的回归系数显著为正($\beta = 0.214$, $p \leqslant 0.01$),回归检验结果表明,企业的实际绩效低于预期绩效的程度越大,焦点企业越倾向于和新联盟伙伴进行探索式合作,回归检验结果支持本书 H2b。历史比较绩效反馈顺差与焦点企业选择结构维度探索式合作倾向之间的回归系数显著为正($\beta = 0.026, p \leqslant 0.05$),回归检验结果表明,当企业的实际绩效高于预期绩效的程度越大,焦点企业越倾向于和新联盟伙伴进行探索式合作,回归检验结果支持本书 H4b。在此基础上,本书使用 Wald 检验方法进一步检验历史比较绩效反馈逆差和顺差对焦点企业选择结构维度探索式合作的影响差异,根据 Wald 的检验结果,历史比较绩效反馈逆差绝对值和绩效反馈顺差两者的回归系数差异显著(卡方值 = 10.02, $p \leqslant 0.01$),从回归系数可以看出,历史比较绩效反馈逆差对企业选择结构维度探索式合作的影响更大,本书 H6b 得到了验证。

表 6-5 历史比较绩效反馈逆差、顺差和结构维度探索式合作倾向的关系

变量	模型 1	模型 2	模型 3
二职合一$_{(t-1)}$	-0.009	-0.006	-0.006
	(0.014)	(0.014)	(0.014)
CEO 任期$_{(t-1)}$	0.001	0.001	0.001
	(0.002)	(0.002)	(0.002)
研发投入强度$_{(t-1)}$	0.004	0.004	0.004
	(0.003)	(0.003)	(0.003)
广告支出强度$_{(t-1)}$	0.375***	0.340***	0.334***
	(0.116)	(0.115)	(0.115)
企业规模$_{(t-1)}$	0.087***	0.088***	0.088***
	(0.004)	(0.004)	(0.004)
企业联盟经验$_{(t-1)}$	0.002***	0.002***	0.002***
	(0.000)	(0.000)	(0.000)
冗余资源$_{(t-1)}$	-0.002	-0.001	-0.001
	(0.002)	(0.002)	(0.002)
CEO 过度自信$_{(t-1)}$	0.039**	0.038**	0.039**
	(0.017)	(0.017)	(0.017)

续表

变量	模型 1	模型 2	模型 3
环境慷慨性$_{(t-1)}$	0.128	0.110	0.107
	(0.085)	(0.085)	(0.085)
环境动态性$_{(t-1)}$	-0.542**	-0.530**	-0.531**
	(0.268)	(0.268)	(0.268)
历史比较绩效反馈逆差绝对值$_{(t-1)}$		0.214***	0.209***
		(0.059)	(0.059)
历史比较绩效反馈顺差		0.026**	0.025**
		(0.013)	(0.013)
历史比较绩效反馈逆差绝对值$_{(t-1)}$ * CEO 过度自信$_{(t-1)}$			0.162
			(0.163)
历史比较绩效反馈顺差$_{(t-1)}$ * CEO 过度自信$_{(t-1)}$			-0.004
			(0.090)
年份	Yes	Yes	Yes
行业	Yes	Yes	Yes
常数项	-0.106***	-0.112***	-0.112***
	(0.040)	(0.040)	(0.040)
观测值	4,171	4,171	4,171
企业数量	224	224	224

注：*** 表示 $p\leqslant0.01$，** 表示 $p\leqslant0.05$，* 表示 $p\leqslant0.1$；括号内数值为标准误；由于篇幅限制，未列示年份、行业虚拟变量的回归系数。

模型 4 中加入了调节变量 CEO 过度自信，检验了调节变量 CEO 过度自信对历史比较绩效反馈逆差、顺差和焦点企业与新伙伴进行探索式合作之间关系的影响，从表 6－5 中可以看出，当企业的实际绩效低于历史比较预期绩效时，CEO 过度自信和历史比较绩效反馈逆差绝对值的交互项对焦点企业和新伙伴进行探索式合作的回归系数不显著，CEO 过度自信促进了绩效反馈逆差和焦点企业选择结构维度探索式合作的正向关系没有得到验证，即本书 H8b 没有得到验证。CEO 过度自信和历史比较绩效反馈顺差的交互项对焦点企业和新伙伴进行探索式合作的回归系数不显著，当企业实际绩效高于历史比较预期绩效时，CEO 过度自信促进了绩效反馈顺差和焦点企业选择结构维度探索式合作的正向关系没有得到验证，即本书 H10b 没有得到验证。

三、稳健性检验

为了进一步验证本书结论的可靠性和稳定性，本部分进行了多个稳健性检验，通过更换重要研究变量的测量方法、调整样本、更换回归分析方法等，对研究假设进行了进一步验证。

第一，在计算焦点企业历史比较绩效反馈时，i 企业 t 年的历史比较预期绩效是由 $t-1$ 年的实际绩效、预期绩效和对两者赋予的相对权重 α 决定的，在衡量系数 α 时，本书按照 Baumet（2005）、Kuusela（2016）等学者的做法，选取系数 α 为 0.75，但也有学者选取了 0.5、0.25 等值（Greve, 2003），为了进一步验证本书结论的可靠性，在稳健性检验中，本书分别选取了 0.5、0.25 进行进一步检验。全模型的回归结果分别见表 6－6 和 6－7。

表 6－6　历史比较绩效反馈逆差、顺差和功能、结构维度探索式合作倾向的关系（α =0.50）

变量	功能维度			结构维度		
二职合一$_{(t-1)}$	−0.007	−0.005	−0.006	−0.009	−0.007	−0.007
	(0.008)	(0.008)	(0.008)	(0.014)	(0.014)	(0.014)
CEO 任期$_{(t-1)}$	0.001	0.001	0.001	0.001	0.001	0.001
	(0.001)	(0.001)	(0.001)	(0.002)	(0.002)	(0.002)
研发投入强度$_{(t-1)}$	−0.000	−0.000	−0.001	0.004	0.004	0.004
	(0.002)	(0.002)	(0.002)	(0.003)	(0.003)	(0.003)
广告支出强度$_{(t-1)}$	0.114*	0.096	0.089	0.375***	0.338***	0.331***
	(0.069)	(0.067)	(0.067)	(0.116)	(0.114)	(0.114)
企业规模$_{(t-1)}$	0.048***	0.049***	0.050***	0.087***	0.089***	0.089***
	(0.002)	(0.002)	(0.002)	(0.004)	(0.004)	(0.004)
企业联盟经验$_{(t-1)}$	0.004***	0.004***	0.004***	0.002***	0.002***	0.002***
	(0.000)	(0.000)	(0.000)	(0.000)	(0.000)	(0.000)
冗余资源$_{(t-1)}$	0.000	0.000	0.000	−0.002	−0.001	−0.001
	(0.001)	(0.001)	(0.001)	(0.002)	(0.002)	(0.002)
CEO 过度自信$_{(t-1)}$	−0.003	−0.003	−0.001	0.039**	0.037**	0.038**
	(0.010)	(0.010)	(0.010)	(0.017)	(0.017)	(0.017)

续表

变量	功能维度			结构维度		
环境慷慨性$_{(t-1)}$	0.070	0.058	0.057	0.128	0.107	0.105
	(0.048)	(0.048)	(0.048)	(0.085)	(0.085)	(0.085)
环境动态性$_{(t-1)}$	-0.043	-0.045	-0.045	-0.542**	-0.528**	-0.528**
	(0.144)	(0.143)	(0.143)	(0.268)	(0.267)	(0.267)
历史比较绩效反馈逆差绝对值$_{(t-1)}$		0.110***	0.106***		0.235***	0.232***
		(0.035)	(0.035)		(0.060)	(0.060)
历史比较绩效反馈顺差		0.040***	0.038***		0.069***	0.069***
		(0.013)	(0.013)		(0.024)	(0.025)
历史比较绩效反馈逆差绝对值$_{(t-1)}$ * CEO过度自信$_{(t-1)}$			0.199*			0.147
			(0.103)			(0.158)
历史比较绩效反馈顺差$_{(t-1)}$ * CEO过度自信$_{(t-1)}$			0.020			-0.007
			(0.039)			(0.067)
年份	Yes	Yes	Yes	Yes	Yes	Yes
行业	Yes	Yes	Yes	Yes	Yes	Yes
常数项	-0.084***	-0.088***	-0.088***	-0.106***	-0.115***	-0.116***
	(0.022)	(0.022)	(0.022)	(0.040)	(0.040)	(0.040)
观测值	4,171	4,171	4,171	4,171	4,171	4,171
企业数量	224	224	224	224	224	224

注：*** 表示$p \leq 0.01$，** 表示$p \leq 0.05$，* 表示$p \leq 0.1$；括号内数值为标准误；由于篇幅限制，未列示年份、行业虚拟变量的回归系数。

表6-7　历史比较绩效反馈逆差、顺差和功能、结构维度探索式合作倾向的关系（α =0.25）

变量	功能维度			结构维度		
二职合一$_{(t-1)}$	-0.007	-0.005	-0.005	-0.009	-0.007	-0.007
	(0.008)	(0.008)	(0.008)	(0.014)	(0.014)	(0.014)
CEO任期$_{(t-1)}$	0.001	0.001	0.001	0.001	0.001	0.001
	(0.001)	(0.001)	(0.001)	(0.002)	(0.002)	(0.002)
研发投入强度$_{(t-1)}$	-0.000	-0.000	-0.001	0.004	0.004	0.003
	(0.002)	(0.002)	(0.002)	(0.003)	(0.003)	(0.003)

续表

变量	功能维度			结构维度		
广告支出强度$_{(t-1)}$	0.114*	0.095	0.089	0.375***	0.338***	0.330***
	(0.069)	(0.068)	(0.067)	(0.116)	(0.114)	(0.114)
企业规模$_{(t-1)}$	0.048***	0.049***	0.049***	0.087***	0.089***	0.089***
	(0.002)	(0.002)	(0.002)	(0.004)	(0.004)	(0.004)
企业联盟经验$_{(t-1)}$	0.004***	0.004***	0.004***	0.002***	0.002***	0.002***
	(0.000)	(0.000)	(0.000)	(0.000)	(0.000)	(0.000)
冗余资源$_{(t-1)}$	0.000	0.000	0.000	-0.002	-0.001	-0.001
	(0.001)	(0.001)	(0.001)	(0.002)	(0.002)	(0.002)
CEO 过度自信$_{(t-1)}$	-0.003	-0.003	-0.002	0.039**	0.036**	0.037**
	(0.010)	(0.010)	(0.010)	(0.017)	(0.017)	(0.017)
环境慷慨性$_{(t-1)}$	0.070	0.057	0.056	0.128	0.106	0.104
	(0.048)	(0.048)	(0.048)	(0.085)	(0.085)	(0.085)
环境动态性$_{(t-1)}$	-0.043	-0.046	-0.046	-0.542**	-0.523**	-0.524**
	(0.144)	(0.143)	(0.143)	(0.268)	(0.267)	(0.267)
历史比较绩效反馈		0.117***	0.115***		0.249***	0.248***
逆差绝对值$_{(t-1)}$		(0.034)	(0.034)		(0.059)	(0.059)
历史比较绩效		0.058***	0.059***		0.090***	0.095***
反馈顺差		(0.016)	(0.018)		(0.027)	(0.030)
历史比较绩效反馈逆差绝对值$_{(t-1)}$ * CEO 过度自信$_{(t-1)}$			0.187*			0.167
			(0.098)			(0.152)
历史比较绩效反馈顺差$_{(t-1)}$ * CEO 过度自信$_{(t-1)}$			-0.004			-0.024
			(0.035)			(0.058)
年份	Yes	Yes	Yes	Yes	Yes	Yes
行业	Yes	Yes	Yes	Yes	Yes	Yes
常数项	-0.084***	-0.086***	-0.087***	-0.106***	-0.113***	-0.114***
	(0.022)	(0.022)	(0.022)	(0.040)	(0.040)	(0.040)
观测值	4,171	4,171	4,171	4,171	4,171	4,171
企业数量	224	224	224	224	224	224

注：*** 表示 $p \leqslant 0.01$，** 表示 $p \leqslant 0.05$，* 表示 $p \leqslant 0.1$；括号内数值为标准误；由于篇幅限制，未列示年份、行业虚拟变量的回归系数。

表6-6检验的是α为0.5的历史比较绩效反馈逆差、顺差和功能维度、结构维度探索式合作倾向的关系，以及调节变量CEO过度自信对主效应的调节作用。回归检验结果表明，历史比较绩效反馈逆差绝对值与焦点企业进行功能、结构维度探索式合作倾向之间的回归系数显著为正，与上文中结论一致。历史比较绩效反馈顺差与焦点企业进行功能、结构维度探索式合作倾向之间的回归系数显著为正，与上文中结论一致。在此基础上，本书使用了Wald检验方法检验了历史比较绩效反馈逆差和顺差对焦点企业选择功能、结构维度探索式合作的影响差异。Wald检验结果表明，历史比较绩效反馈逆差绝对值和绩效反馈顺差对功能维度的探索式合作选择影响差异显著（卡方值=3.90，$p \leqslant 0.05$），对结构维度的探索式合作选择影响差异显著（卡方值=7.36，$p \leqslant 0.01$），与上文中结论一致。调节变量CEO过度自信促进了绩效反馈逆差和焦点企业选择功能维度探索式合作的正向关系得到了验证，而CEO过度自信促进了绩效反馈顺差和功能维度探索式合作的正向关系、绩效反馈逆差和结构维度探索式合作之间的正向关系、绩效反馈顺差和结构维度探索式合作之间的正向关系均没有得到验证，与上文中结论一致。

表6-7检验的是α为0.25的历史比较绩效反馈逆差、顺差对功能维度、结构维度探索式合作倾向的影响，以及调节变量CEO过度自信对主效应的调节作用。回归检验结果表明，历史比较绩效反馈逆差绝对值与焦点企业进行功能、结构维度探索式合作倾向之间的回归系数显著为正，与上文中结论一致。历史比较绩效反馈顺差与焦点企业进行功能、结构维度探索式合作倾向之间的回归系数显著为正，与上文中结论一致。根据Wald的检验结果，历史比较绩效反馈逆差绝对值和绩效反馈顺差对功能维度探索式合作倾向的影响差异显著（卡方值=2.68，$p \leqslant 0.1$），对结构维度探索式合作倾向的影响差异显著（卡方值=6.73，$p \leqslant 0.01$），同等程度的绩效反馈逆差比绩效反馈顺差对企业进行功能、结构双元合作选择的影响更大，与上文中结论一致。调节变量CEO过度自信对历史比较绩效反馈逆差绝对值、顺差和焦点企业进行探索式合作倾向之间关系的影响和前文实证研究结论一致。

第二，在计算结构维度的探索式合作倾向时，按照Kavusan（2019）等学者的做法，在衡量焦点企业选择的合作伙伴是否是新伙伴时，本书将企业在初始成立年或者初始统计年份的伙伴均默认为新伙伴。在稳健性检验中，本书按照Lavie（2006）等学者的做法，删除了焦点企业在观测年间第一次存在联盟记录的观测数据，重新计算了结构维度的探索式合作倾向，并进行了回归分析，实证分析结果见表6－8。

表6－8　社会比较、历史比较绩效反馈逆差、顺差和结构维度探索式合作倾向的关系

变量	结构维度			结构维度		
二职合一$_{(t-1)}$	-0.013	-0.011	-0.012	-0.013	-0.010	-0.010
	(0.014)	(0.014)	(0.014)	(0.014)	(0.014)	(0.014)
CEO任期$_{(t-1)}$	0.001	0.001	0.001	0.001	0.001	0.001
	(0.002)	(0.002)	(0.002)	(0.002)	(0.002)	(0.002)
研发投入强度$_{(t-1)}$	0.014*	0.010	0.011	0.014*	0.010	0.011
	(0.009)	(0.009)	(0.009)	(0.009)	(0.009)	(0.009)
广告支出强度$_{(t-1)}$	0.409***	0.379***	0.370***	0.409***	0.360***	0.358***
	(0.134)	(0.134)	(0.134)	(0.134)	(0.133)	(0.133)
企业规模$_{(t-1)}$	0.086***	0.088***	0.088***	0.086***	0.088***	0.088***
	(0.004)	(0.004)	(0.004)	(0.004)	(0.004)	(0.004)
企业联盟经验$_{(t-1)}$	0.002***	0.002***	0.002***	0.002***	0.002***	0.002***
	(0.000)	(0.000)	(0.000)	(0.000)	(0.000)	(0.000)
冗余资源$_{(t-1)}$	-0.006	-0.004	-0.004	-0.006	-0.004	-0.004
	(0.004)	(0.004)	(0.004)	(0.004)	(0.004)	(0.004)
CEO过度自信$_{(t-1)}$	0.039**	0.039**	0.053***	0.039**	0.038**	0.039**
	(0.018)	(0.017)	(0.019)	(0.018)	(0.018)	(0.018)
环境慷慨性$_{(t-1)}$	0.090	0.040	0.032	0.090	0.066	0.063
	(0.088)	(0.089)	(0.089)	(0.088)	(0.088)	(0.088)
环境动态性$_{(t-1)}$	-0.642**	-0.622**	-0.623**	-0.642**	-0.639**	-0.639**
	(0.273)	(0.275)	(0.275)	(0.273)	(0.272)	(0.272)
社会比较绩效反馈逆差绝对值$_{(t-1)}$		0.272***	0.251***			
		(0.059)	(0.059)			
社会比较绩效反馈顺差		0.123***	0.121***			
		(0.033)	(0.033)			
社会比较绩效反馈逆差绝对值$_{(t-1)}$ * CEO过度自信$_{(t-1)}$			0.359**			
			(0.171)			

续表

变量	结构维度			结构维度		
社会比较绩效反馈顺差$_{(t-1)}$ * CEO 过度自信$_{(t-1)}$			-0.020			
			(0.070)			
历史比较绩效反馈逆差绝对值$_{(t-1)}$					0.258***	0.253***
					(0.063)	(0.063)
历史比较绩效反馈顺差					0.044***	0.044***
					(0.016)	(0.016)
历史比较绩效反馈逆差绝对值$_{(t-1)}$ * CEO 过度自信$_{(t-1)}$						0.163
						(0.166)
历史比较绩效反馈顺差$_{(t-1)}$ * CEO 过度自信$_{(t-1)}$						-0.001
						(0.092)
年份	Yes	Yes	Yes	Yes	Yes	Yes
行业	Yes	Yes	Yes	Yes	Yes	Yes
常数项	-0.089**	-0.105**	-0.055	-0.089**	-0.051	-0.098**
	(0.043)	(0.043)	(0.043)	(0.043)	(0.043)	(0.043)
观测值	3,948	3,948	3,948	3,948	3,948	3,948
企业数量	224	224	224	224	224	224

注：*** 表示 $p \leqslant 0.01$，** 表示 $p \leqslant 0.05$，* 表示 $p \leqslant 0.1$；括号内数值为标准误；由于篇幅限制，未列示年份、行业虚拟变量的回归系数。

表 6-8 检验的是社会比较、历史比较绩效反馈逆差、顺差和结构维度探索式合作倾向的关系，以及调节变量 CEO 过度自信对主效应的调节作用。检验结果表明，社会比较、历史比较绩效反馈逆差、顺差程度与焦点企业选择结构维度探索式合作倾向回归系数均显著为正，与上文一致。根据 Wald 的检验结果，社会比较绩效反馈逆差绝对值和绩效反馈顺差两者对结构维度的探索式合作选择影响差异显著（卡方值 =6.15，$p \leqslant 0.01$），不同方向的历史比较绩效反馈对企业选择结构维度探索式合作的影响也存在显著差异（卡方值 =11.57，$p \leqslant 0.01$），同等程度的绩效反馈逆差比绩效反馈顺差对企业进行结构维度双元合作选择的影响更大，与上文中结论一致。

调节变量CEO过度自信使社会比较绩效反馈逆差绝对值和焦点企业选择结构维度探索式合作的正向关系得到了验证，而对促进社会比较绩效反馈顺差和焦点企业选择结构维度探索式合作间的正向关系没有得到验证。CEO过度自信对历史比较绩效反馈逆差绝对值、顺差和焦点企业进行探索式合作倾向的影响结论和前文实证研究结论一致。

第三，本书更换了回归分析方法，使用了混合OLS回归分析方法，分别探析了社会比较和历史比较时，绩效反馈和焦点企业选择功能、结构维度探索式合作倾向之间的关系，以及调节变量CEO过度自信对主效应的调节作用。

表6-9检验的是社会比较绩效反馈逆差、顺差和功能维度、结构维度探索式合作倾向的关系，以及调节变量CEO过度自信对于主效应的调节作用。回归检验结果表明，社会比较绩效反馈逆差绝对值与焦点企业进行功能、结构维度探索式合作倾向之间的回归系数显著为正，与上文中结论一致。社会比较绩效反馈顺差与焦点企业进行功能、结构维度探索式合作倾向之间的回归系数显著为正，与上文中结论一致。根据Wald的检验结果，社会比较绩效反馈逆差绝对值和绩效反馈顺差对功能维度的探索式合作选择影响差异显著（卡方值=3.15，$p \leq 0.1$），对结构维度的探索式合作选择影响差异显著（卡方值=4.95，$p \leq 0.05$），同等程度的绩效反馈逆差比绩效反馈顺差对企业进行功能、结构双元合作选择的影响更大，与上文中结论一致。调节变量CEO过度自信对社会比较绩效反馈逆差绝对值和焦点企业进行功能、结构维度探索式合作倾向间关系的影响均正向显著，CEO过度自信对社会比较绩效反馈顺差和焦点企业选择功能维度探索式合作倾向间关系的影响正向显著，而对顺差与结构维度探索式合作倾向间关系影响不显著，与上文结论一致。

表6-10检验的是历史比较绩效反馈逆差、顺差和功能维度、结构维度探索式合作倾向的关系，以及调节变量CEO过度自信对主效应的调节作用。回归检验结果表明，历史比较绩效反馈逆差绝对值与焦点企业进行功能、结构维度探索式合作倾向之间的回归系数显著为正，与上文中结论一致。历史比较绩效反馈顺差与焦点企业进行功能、结构维度探索式合作倾向之间的回归系数显著为正，与上文中结论一致。根据Wald的检验结果，历史比较绩效反馈逆差绝对值和绩效反馈顺差对功能维度的探索式合作选择影响差异显著（卡方值=3.40，$p \leq 0.1$），对结构维度的探索式合作选择影响差异显著（卡方值=3.46，$p \leq 0.1$），同等程度的绩效反馈逆差比绩效反馈顺差对企业进行功能、结构双元合作选择的影响更

大,与上文中结论一致。唯一不同于前文实证结论的是,CEO 过度自信促进了历史比较绩效反馈逆差绝对值和焦点企业选择功能维度探索式合作间的正向关系没有得到验证。

表 6-9　社会比较绩效反馈逆差、顺差和功能、结构维度探索式合作倾向的关系

变量	功能维度			结构维度		
二职合一$_{(t-1)}$	0.001	0.001	-0.000	-0.004	-0.003	-0.004
	(0.010)	(0.010)	(0.010)	(0.015)	(0.015)	(0.015)
CEO 任期$_{(t-1)}$	0.002	0.002*	0.002*	0.000	0.000	0.000
	(0.001)	(0.001)	(0.001)	(0.002)	(0.002)	(0.002)
研发投入强度$_{(t-1)}$	0.000	-0.001	-0.001	0.003	0.001	0.002
	(0.002)	(0.002)	(0.002)	(0.003)	(0.003)	(0.003)
广告支出强度$_{(t-1)}$	0.040	0.023	0.023	0.320***	0.294***	0.292***
	(0.072)	(0.072)	(0.072)	(0.108)	(0.108)	(0.108)
企业规模$_{(t-1)}$	0.053***	0.055***	0.055***	0.076***	0.078***	0.078***
	(0.003)	(0.003)	(0.003)	(0.004)	(0.005)	(0.005)
企业联盟经验$_{(t-1)}$	0.003***	0.002***	0.002***	0.002***	0.002***	0.002***
	(0.000)	(0.000)	(0.000)	(0.000)	(0.000)	(0.000)
冗余资源$_{(t-1)}$	0.000	0.001	0.001	-0.001	-0.000	-0.000
	(0.001)	(0.001)	(0.001)	(0.002)	(0.002)	(0.002)
CEO 过度自信$_{(t-1)}$	0.016	0.015	0.016	0.034**	0.033**	0.043**
	(0.011)	(0.011)	(0.012)	(0.017)	(0.017)	(0.018)
环境慷慨性$_{(t-1)}$	0.124**	0.083	0.079	0.077	0.033	0.028
	(0.061)	(0.061)	(0.061)	(0.091)	(0.091)	(0.091)
环境动态性$_{(t-1)}$	-0.034	0.016	-0.007	-0.336	-0.288	-0.283
	(0.196)	(0.196)	(0.196)	(0.292)	(0.292)	(0.292)
社会比较绩效反馈逆差绝对值$_{(t-1)}$		0.163***	0.153***		0.215***	0.200***
		(0.038)	(0.038)		(0.057)	(0.057)
社会比较绩效反馈顺差		0.093***	0.093***		0.085**	0.083**
		(0.023)	(0.023)		(0.035)	(0.035)
社会比较绩效反馈逆差绝对值$_{(t-1)}$ * CEO 过度自信$_{(t-1)}$			0.201*			0.264*
			(0.107)			(0.160)

续表

变量	功能维度			结构维度		
社会比较绩效反馈顺差$_{(t-1)}$ * CEO过度自信$_{(t-1)}$			0.095**			-0.030
			(0.046)			(0.068)
年份	Yes	Yes	Yes	Yes	Yes	Yes
行业	Yes	Yes	Yes	Yes	Yes	Yes
常数项	-0.037	-0.050*	-0.049*	-0.032	-0.048	-0.047
	(0.030)	(0.030)	(0.030)	(0.045)	(0.045)	(0.045)
观测值	4,171	4,171	4,171	4,171	4,171	4,171
R^2	0.180	0.186	0.187	0.160	0.163	0.164

注：*** 表示 $p \leqslant 0.01$，** 表示 $p \leqslant 0.05$，* 表示 $p \leqslant 0.1$；括号内数值为标准误；由于篇幅限制，未列示年份、行业虚拟变量的回归系数。

表6-10　历史比较绩效反馈逆差、顺差和功能、结构维度探索式合作倾向的关系

变量	功能维度			结构维度		
二职合一$_{(t-1)}$	0.001	0.004	0.004	-0.004	0.001	0.001
	(0.010)	(0.010)	(0.010)	(0.015)	(0.015)	(0.015)
CEO任期$_{(t-1)}$	0.002	0.002*	0.002*	0.000	0.000	0.000
	(0.001)	(0.001)	(0.001)	(0.002)	(0.002)	(0.002)
研发投入强度$_{(t-1)}$	0.000	-0.000	-0.000	0.003	0.002	0.002
	(0.002)	(0.002)	(0.002)	(0.003)	(0.003)	(0.003)
广告支出强度$_{(t-1)}$	0.040	0.013	0.010	0.320***	0.282***	0.279**
	(0.072)	(0.073)	(0.073)	(0.108)	(0.108)	(0.108)
企业规模$_{(t-1)}$	0.053***	0.056***	0.056***	0.076***	0.079***	0.079***
	(0.003)	(0.003)	(0.003)	(0.004)	(0.005)	(0.005)
企业联盟经验$_{(t-1)}$	0.003***	0.003***	0.003***	0.002***	0.002***	0.002***
	(0.000)	(0.000)	(0.000)	(0.000)	(0.000)	(0.000)
冗余资源$_{(t-1)}$	0.000	0.000	0.000	-0.001	-0.001	-0.001
	(0.001)	(0.001)	(0.001)	(0.002)	(0.002)	(0.002)
CEO过度自信$_{(t-1)}$	0.016	0.015	0.018	0.034**	0.033**	0.034*
	(0.011)	(0.011)	(0.012)	(0.017)	(0.017)	(0.018)

续表

变量	功能维度			结构维度		
环境慷慨性$_{(t-1)}$	0.124**	0.108*	0.106*	0.077	0.054	0.052
	(0.061)	(0.061)	(0.061)	(0.091)	(0.091)	(0.091)
环境动态性$_{(t-1)}$	-0.034	-0.015	-0.015	-0.336	-0.309	-0.309
	(0.196)	(0.196)	(0.196)	(0.292)	(0.291)	(0.291)
历史比较绩效反馈逆差绝对值$_{(t-1)}$		0.172***	0.168***		0.247***	0.244***
		(0.042)	(0.043)		(0.063)	(0.064)
历史比较绩效反馈顺差		0.088***	0.087***		0.121***	0.120***
		(0.028)	(0.028)		(0.042)	(0.042)
历史比较绩效反馈逆差绝对值$_{(t-1)}$ * CEO 过度自信$_{(t-1)}$			0.102			0.089
			(0.108)			(0.161)
历史比较绩效反馈顺差$_{(t-1)}$ * CEO 过度自信$_{(t-1)}$			0.045			0.007
			(0.080)			(0.119)
年份	Yes	Yes	Yes	Yes	Yes	Yes
行业	Yes	Yes	Yes	Yes	Yes	Yes
常数项	-0.037	-0.046	-0.046	-0.032	-0.044	-0.044
	(0.030)	(0.030)	(0.030)	(0.045)	(0.045)	(0.045)
观测值	4,171	4,171	4,171	4,171	4,171	4,171
R^2	0.180	0.185	0.185	0.160	0.164	0.164

注：*** 表示 $p \leqslant 0.01$，** 表示 $p \leqslant 0.05$，* 表示 $p \leqslant 0.1$；括号内数值为标准误；由于篇幅限制，未列示年份、行业虚拟变量的回归系数。

四、本章小结

本章建立在提出概念框架模型的基础上，使用了美国高科技行业 224 家上市企业 1992—2015 年的 4171 个样本数据，针对非平衡面板数据的具体特征，采用 FGLS 模型对本书中提出的概念框架和假设进行了实证分析。通过对样本数据进行描述性统计和相关性分析，初步验证了数据之间的相关性，奠定了后续假设检验的基础。大样本实证分析的假设检验结果基本支持了本书提出的概念模型，其中，20 个假设中有 16 个假设均检验通过，得到实证结果的支持（见表 6-11）。

表6－11　实证检验结果汇总

假设	假设内容	结果
H1a	焦点企业实际绩效低于社会比较预期绩效的程度越大,在进行联盟组合中双元合作选择时越倾向于选择功能维度探索式合作	支持
H1b	焦点企业实际绩效低于历史比较预期绩效的程度越大,在进行联盟组合中双元合作选择时越倾向于选择功能维度探索式合作	支持
H2a	焦点企业实际绩效低于社会比较预期绩效的程度越大,在进行联盟组合中双元合作选择时越倾向于选择结构维度探索式合作	支持
H2b	焦点企业实际绩效低于历史比较预期绩效的程度越大,在进行联盟组合中双元合作选择时越倾向于选择结构维度探索式合作	支持
H3a	焦点企业实际绩效高于社会比较预期绩效的程度越大,在进行联盟组合中双元合作选择时越倾向于选择功能维度探索式合作	支持
H3b	焦点企业实际绩效高于历史比较预期绩效的程度越大,在进行联盟组合中双元合作选择时越倾向于选择功能维度探索式合作	支持
H4a	焦点企业实际绩效高于社会比较预期绩效的程度越大,在进行联盟组合中双元合作选择时越倾向于选择结构维度探索式合作	支持
H4b	焦点企业实际绩效高于历史比较预期绩效的程度越大,在进行联盟组合中双元合作选择时越倾向于选择结构维度探索式合作	支持
H5a	社会比较绩效反馈逆差比绩效反馈顺差对焦点企业选择功能维度探索式合作的影响更大	支持
H5b	历史比较绩效反馈逆差比绩效反馈顺差对焦点企业选择功能维度探索式合作的影响更大	支持
H6a	社会比较绩效反馈逆差比绩效反馈顺差对焦点企业选择结构维度探索式合作的影响更大	支持
H6b	历史比较绩效反馈逆差比绩效反馈顺差对焦点企业选择结构维度探索式合作的影响更大	支持
H7a	CEO 过度自信会正向调节社会比较绩效反馈逆差程度和企业选择功能维度探索式合作之间的关系	支持
H7b	CEO 过度自信会正向调节历史比较绩效反馈逆差程度和企业选择功能维度探索式合作之间的关系	支持
H8a	CEO 过度自信会正向调节社会比较绩效反馈逆差程度和企业选择结构维度探索式合作之间的关系	支持

续表

假设	假设内容	结果
H8b	CEO 过度自信会正向调节历史比较绩效反馈逆差程度和企业选择结构维度探索式合作之间的关系	不支持
H9a	CEO 过度自信会正向调节社会比较绩效反馈顺差和企业选择功能维度探索式合作之间的关系	支持
H9b	CEO 过度自信会正向调节历史比较绩效反馈顺差和企业选择功能维度探索式合作之间的关系	不支持
H10a	CEO 过度自信会正向调节社会比较绩效反馈顺差和企业选择结构维度探索式合作之间的关系	不支持
H10b	CEO 过度自信会正向调节历史比较绩效反馈顺差和企业选择结构维度探索式合作之间的关系	不支持

本书的实证分析结果表明:①当焦点企业的实际绩效不同于预期绩效时,绩效反馈逆差程度越大,焦点企业在进行联盟组合中双元合作选择时越倾向于进行功能、结构维度的探索式合作;绩效反馈顺差程度越大,焦点企业在进行双元合作选择时越倾向于进行功能、结构维度的探索式合作;②绩效反馈逆差比绩效反馈顺差对焦点企业选择以知识生成、技术研发为目的,或者和新伙伴进行探索式合作的影响更大;③焦点企业绩效反馈逆差、顺差和联盟组合中双元合作选择间的关系受到 CEO 过度自信的影响,CEO 过度自信会正向调节社会比较、历史比较时绩效反馈逆差绝对值、绩效反馈顺差和企业选择以知识生成、技术研发为目的,或者和新伙伴进行探索式合作之间的正向关系。

第七章　结果讨论

焦点企业在联盟组合中是否能够制定合理有效的双元合作决策对企业的长期可持续发展至关重要，受到了学者的广泛关注（March, 1991; He et al., 2004; Yamakawa et al., 2011; Døjbak et al., 2016）。管理决策者经常会通过衡量自身实际绩效和预期绩效的差异，或者本企业和同行业其他企业的相对绩效，判断企业现阶段是否需要进行战略调整（Cyert et al., 1963; Hu et al., 2011）。但是，目前尚没有学者探析焦点企业绩效反馈对联盟组合中探索式和开发式双元合作选择战略决策的影响，绩效反馈逆差和绩效反馈顺差对企业的影响是否有区别，以及 CEO 过度自信是否会影响企业双元合作的选择过程。基于此，笔者提出了本书的三个主要问题：①社会比较和历史比较时绩效反馈逆差和顺差分别怎样影响焦点企业选择联盟组合中功能、结构维度的探索式和开发式双元合作？②绩效反馈逆差、顺差对企业选择双元合作模式的影响程度是否有区别？③CEO 过度自信怎样影响绩效反馈和焦点企业选择双元合作之间的关系？

为了回答本书提出的三个问题，笔者基于企业行为理论、资源基础理论、组织双元理论和高层梯队理论，构建了绩效反馈影响焦点企业选择联盟组合中探索式合作和开发式合作的研究框架，分别探析了绩效反馈逆差、顺差对焦点企业选择功能维度和结构维度的双元合作的差异性影响，以及 CEO 过度自信对该过程的影响作用。基于美国高科技行业 224 家上市企业 1992—2015 年的 4171 个样本数据，本书提出的 20 个假设中有 16 个假设得到了实证结果的支持。接下来本章将进一步探讨研究假设的实证分析结果，并基于此提出本书的理论意义和实践启示。

本书在探析绩效反馈逆差对焦点企业选择联盟组合中双元合作的影响时，基于不同维度对探索式合作和开发式合作进行定义时，关注的问题和内容有着明显区别（Lavie et al., 2006），已有研究在区分联盟中的双元合作时，几乎所有研究集中考虑的是功能维度和结构维度(Rothaermel,2001; Rothaermel et al., 2004; Beckman et al. 2004; Lavie et al., 2006; Lin et al., 2007),从结构维度或者功能维度对双元合作模式进行分类是目前使用最为广泛且有效的划分手段,与组建联盟的决策最为相关。因此,本书分别从功能维度和结构维度对探索式合作和开发式合作进行了区分。

按照 Lavie(2006)、Yang(2011)等学者的研究方法,基于联盟组合中的探索式合作和开发式合作是彼此对立冲突的假设(March, 1991; He et al., 2004; Gupta et al., 2006; Stettner et al., 2014),本书计算了探索式合作倾向来反映焦点企业在联盟组合中选择双元合作的倾向(Lavie et al., 2006),当联盟组合中探索式合作比例较高时,则相应的开发式合作的比例较低。

一、绩效反馈的直接效应

(一)绩效反馈逆差对联盟组合中双元合作选择的直接效应

H1 和 H2 探析了社会比较、历史比较时绩效反馈逆差对企业选择功能维度和结构维度的探索式合作的影响,从回归结果可知,H1a、H1b、H2a、H2b 均得到了样本实证分析结果的支持。研究结论显示,绩效反馈逆差会促进企业在选择双元合作时,更倾向于进行探索式合作,焦点企业的实际绩效低于预期绩效的程度越大,进行探索式合作的倾向越强。

本书响应了 Kavusan 等(2019)的呼吁,更多地从决策者并非完全理性的视角研究联盟组合配置的相关问题。H1a、H1b 研究了绩效反馈逆差对焦点企业选择以知识生成、技术研发为目的进行探索式合作的直接效应,实证分析结果表明两个假设均得到了支持,结果说明:对于焦点企业而言,当企业的实际绩效低于社会比较或历史比较预期绩效时,绩效反馈逆差的程度越大,企业越倾向于在进行双元合作时选择以知识生成、技术研发为目的的探索式合作。本书结论与 Greve(2003)、Audia(2006)、Klueter(2017)等学者的结论存在相似性,Greve(2003)指出绩效反馈逆差提高了企业的研发密度, Klueter 等(2017)在研究绩效反馈对企业跨越边境进行技术侦查探索行为的影响时,指出绩效反馈逆差会使企业进行更多的技术侦查行为,Audia 等(2006)指出对于大型企业而言,绩效反馈逆差提升了企业的冒险倾向。

H2a、H2b 研究了绩效反馈逆差对焦点企业选择和新伙伴进行探索式合作的直接效应，实证分析结果表明两个假设均得到了支持，结果说明：对于焦点企业而言，当焦点企业的实际绩效无论是与企业自身纵向比较还是与同行业其他企业横向比较，绩效反馈逆差的程度越大，越倾向于选择和新伙伴进行探索式合作。这一研究结论和 Kavusan（2019）、Greve（2003）、Audia（2006）等学者的研究结果存在类似之处。例如，Kavusan 等指出当企业的实际绩效低于预期时，随着绩效反馈逆差程度的增大，企业更倾向于和新伙伴组建专注于已有资源的联盟。

不同于以往研究，本书分别探析了绩效反馈逆差对功能维度和结构维度的双元合作的影响。以往研究大多从企业决策者是完全理性的视角探析了影响联盟组合中双元战略选择的前因（Vanhaverbeke et al.，2007；Koka et al.，2008；Tiwana，2008；杨伟明　等，2018），尚没有学者从有限理性的视角探析影响企业进行联盟组合中探索式和开发式双元合作配置的前因因素。就笔者所知，仅有 Kavusan 等（2019）从企业决策者是有限理性的视角，研究了绩效反馈对联盟组合重新配置的影响，分别研究了绩效反馈逆差和企业选择新伙伴并且专注已有资源的关系，绩效反馈顺差和焦点企业选择已有合作伙伴并且专注新资源的关系等。在该篇文章中，第一，学者用代表特定类别联盟的数量作为因变量，用联盟的绝对数量作为结果变量代表焦点企业选择新伙伴或者旧伙伴，以及选择专注已有资源或者新资源的倾向都可以同时处于较高或者较低的水平。但是，企业中的有价值资源经常是有限的，当企业在组建联盟的时候，若是投入更多的资源、人力、物力进行探索新资源、和新伙伴组建合作关系，则相应的可以被投入开发已有资源、维持现有联盟合作伙伴的资源、人力、物力等均会相应减少（March，1991；Lavie et al.，2006），用代表该类别的联盟绝对值数量可能会导致企业的新伙伴的数量和旧伙伴数量均是高数量或者均是低数量的水平，不能更清晰地反映企业资源的实际配置情况。第二，学者仅探析了绩效反馈逆差、顺差和特定伙伴类型和资源类型组合的作用结果，忽视了绩效反馈和不同的伙伴类型、资源类型及其余组合的结果，例如绩效反馈顺差和企业选择新伙伴专注已有资源的关系，或者绩效反馈逆差和焦点企业选择已有合作伙伴专注新资源的关系。综上所述，基于有限理性视角，探析绩效反馈对联盟组合中功能维度、结构维度的双元合作选择的影响很有意义。

（二）绩效反馈顺差对联盟组合中双元合作选择的直接效应

H3、H4 探析了社会比较、历史比较时绩效反馈顺差对于企业选择功能维度和结构维度的探索式合作的影响，从回归结果可知，H3a、H3b、H4a 和 H4b 均得到了样本实证分析结果的支持。研究结论显示，绩效反馈顺差会促进企业在选择双元合作时，更倾向于进行探索式合作，焦点企业的实际绩效高于预期绩效的程度越大，进行探索式合作的倾向越强。

H3a、H3b 研究了社会比较、历史比较绩效反馈顺差对焦点企业选择以知识生成、技术研发为目的进行探索式合作的直接效应，实证分析结果表明两个假设均得到了支持，结果说明：对于焦点企业而言，当企业的实际绩效高于社会比较和历史比较预期绩效时，绩效反馈顺差的程度越大，企业越倾向于选择以知识生成、技术研发为目的进行功能维度的探索式合作。这与 Kavusan 等（2019）、Klueter 等（2017）的研究结果存在相似之处。Kavusan 等（2019）指出，当企业的实际绩效高于预期时，企业会更倾向于探索新领域、学习新知识。Klueter 等（2017）指出，企业绩效反馈顺差会促使企业搜集更多的信息、进行更多的技术探索行为。

H4a、H4b 研究了社会比较、历史比较绩效反馈顺差对焦点企业选择和新伙伴进行探索式合作的直接效应，实证分析结果表明两个假设均得到了支持，结果说明：对于焦点企业而言，绩效反馈顺差的程度越大，企业越倾向于选择和新伙伴进行探索式合作。这与 Klueter 等（2017）、Shapira（2017）存在一致性。Klueter 等（2017）指出，对于处于激烈竞争行业的企业来说，当实际绩效高于预期绩效时，企业仍然会增加信息搜索的力度，进行创新。Shapira（2017）指出，当企业的绩效反馈顺差在一定的范围内时，企业仍然更倾向于承担风险，进行风险较大的战略行为。

已有研究中仍然缺乏同时探析不同方向的绩效反馈对企业战略决策制定的影响研究（Posen et al.，2018；Kavusan et al.，2019），不同于以往的研究较多地关注绩效反馈逆差对企业战略行为的影响（Tyler et al.，2016），本书不仅探析了绩效反馈逆差对企业选择联盟组合中双元合作的影响，也研究了绩效反馈顺差对联盟组合中双元合作选择的影响，并且分别基于社会比较和历史比较衡量了绩效反馈顺差，从功能维度和结构维度对探索式合作进行了区分。

二、绩效反馈的比较效应

在探析绩效反馈逆差、顺差对焦点企业选择联盟组合中双元合作模式的影响程度是否存在区别时，本书将绩效反馈分为社会比较绩效反馈和历史比较绩效反馈，从功能维度和结构维度对双元合作进行了区分。

H5a、H5b 研究了社会比较和历史比较时同等程度绩效反馈逆差、顺差对焦点企业选择以知识生成、技术研发为目的进行探索式合作影响程度的区别，实证分析结果表明两个假设均得到了支持，结果说明：当企业的实际绩效低于社会比较预期或者历史比较预期时，相比较于绩效反馈顺差，同等程度的绩效反馈逆差对企业的影响更大，焦点企业在选择联盟组合中双元合作时，会更加倾向于选择以知识生成、技术研发为目的的探索式合作。本书与 Kim（2015）、Lant（1992）、Rudy（2016）、Jiang 等（2018）学者的研究结论存在相似性。Kim（2015）等指出，社会比较时绩效反馈逆差比绩效反馈顺差对企业的影响更大，企业面对同等程度的绩效反馈逆差时，更有可能进行有风险的战略行为。Lant 等（1992）也指出，企业在绩效反馈逆差的情形下进行战略变革的可能性更大。Rudy 等（2016）研究了企业的绩效反馈和企业采取市场行为和非市场行为的关系，研究结论显示绩效反馈逆差比绩效反馈顺差对企业采取市场行为或者非市场行为的影响均更大。Jiang 等（2018）在研究绩效反馈和企业进行国际扩张的关系时，指出绩效反馈逆差对于企业进行国际扩张的影响更大。

H6a、H6b 研究了社会比较和历史比较时同等程度绩效反馈逆差、顺差对焦点企业选择和新伙伴进行探索式合作影响程度的区别，实证分析结果表明两个假设均得到了支持，结果说明：当企业的实际绩效低于社会比较预期或者历史比较预期时，相比较于绩效反馈顺差，同等程度的绩效反馈逆差对企业的影响更大，焦点企业在选择联盟组合中双元合作时，会更加倾向于选择和新伙伴进行探索式合作。本书与 Kim（2015）、Lant（1992）、Rudy（2016）、Jiang 等（2018）的研究结论存在一致性，即绩效反馈逆差对企业采取战略行为的影响更大。

目前，已有研究中基于企业行为理论指出了绩效反馈会影响企业战略决策制定，但是较少有学者探析不同方向的绩效反馈逆差和绩效反馈顺差对企业的差异性的影响（Posen et al.，2018；Kavusan et al.，2019），且已有的研究在探析社会比较和历史比较时不同方向的绩效反馈对企业进行战略变革的影响程度的大小时，尚没有一致的结论（Klueter et al.，2017；Ref et al.，2017）。尚没有学者研究社会比较、历史比较时绩效反馈逆差、顺差对焦点企业选择联盟组合中合作模式的影响程度是否有区别，本书进一步探析了同等程度的绩效反馈逆差和顺差对焦点企业选择双元合作影响程度的区别。

三、过度自信的调节效应

(一)CEO 过度自信对绩效反馈逆差和焦点企业进行探索式合作间关系的调节效应

在探析 CEO 过度自信对绩效反馈逆差和焦点企业进行探索式合作倾向间关系的调节效应时,本书将绩效反馈分为社会比较绩效反馈和历史比较绩效反馈,从功能维度和结构维度对双元合作进行区分。

H7a、H7b 研究了 CEO 过度自信对社会比较、历史比较绩效反馈逆差和焦点企业以知识生成、技术研发为目的进行探索式合作间关系的调节效应,实证分析结果表明两个假设均得到了支持,结果说明:对于焦点企业而言,CEO 过度自信的心理特质会加强社会比较和历史比较时绩效反馈逆差程度和企业以知识生成、技术研发为目的进行探索式合作倾向的正向关系。在联盟组合的相关研究中,尚没有学者研究 CEO 过度自信心理特质对绩效反馈和双元合作选择间关系的调节作用,但是有学者研究了心理特质对企业双元合作行为的直接作用。Døjbak 等(2016)在探析团队层面对于探索式和开发式双元行为的选择时,指出当团队层面的情绪更加正面积极时,企业更倾向于选择探索式行为,本书结论不仅间接验证了 Døjbak 等(2016)的观点,决策者正面积极的心理特质会正向促进企业进行探索研发的倾向,并且将 CEO 过度自信引入影响绩效反馈及联盟组合相关决策之间关系的情境因素的研究中。

H8a、H8b 研究了 CEO 过度自信对社会比较、历史比较时绩效反馈逆差以及企业和新伙伴进行探索式合作间关系的调节作用。从实证分析的结果可以看出,CEO 过度自信会促进社会比较绩效反馈逆差程度以及企业和新伙伴进行探索式合作间正向关系的假设得到了支持(H8a)。H8b 提出的 CEO 过度自信会促进历史比较绩效反馈逆差程度以及企业和新伙伴进行探索式合作间正向关系的假设没有得到支持,可能存在的原因是:第一,不同于社会比较绩效反馈,当企业管理者根据历史比较绩效反馈来制定战略行为时,由于 CEO 对自身企业的发展状况、发展趋势等均有清晰的认知(Kim et al., 2015),在进行历史比较时,过度自信的 CEO 对企业的深入了解使得其不会一味地倾向于承担风险,和新伙伴进行探索式合作。第二,相比较于社会比较,历史比较绩效反馈会受到企业其他管理者更为严格的监督,因为本企业的管理者能够接触企业内部信息,进而能够更加全面合理地认识导致绩效反馈逆差的原因（Menon et al.，2003），历史比较绩效反馈的这些特征会影响企业管理层制定战略决策（Kim et al.，2015）。当管理决策者面临历史比较绩效反馈逆差时，管理决策者被赋予的管理决策权会进一步受其他管理者的监督。第三，当企业处于历史比较绩效反馈逆差时，企业若是和新的联盟伙伴进行探索式合作，可能会引起已有伙伴的不满，影响已有伙伴间信任和合作关系，不利于企业长期发展（Kavusan et al.，2019），此时，即使CEO过度自信经常低估由于已有伙伴不满意而带来的风险，对企业的未来发展保持积极乐观的态度（Hakonsson et al.，2016；王铁男 等，2017），但是其他管理者的严格监督会使企业减少和新伙伴建立探索式合作。综上，CEO对自身企业发展的深入了解和管理层的严格监督会削弱CEO过度自信的特质对历史比较绩效反馈逆差和双元合作选择间关系的影响，导致CEO过度自信的调节作用不显著。

（二）CEO过度自信对绩效反馈顺差和焦点企业进行探索式合作间关系的调节效应

在探析CEO过度自信对绩效反馈顺差和焦点企业进行探索式合作倾向间关系的调节效应时，本书将绩效反馈分为社会比较绩效反馈和历史比较绩效反馈，从功能维度和结构维度对双元合作进行了区分。

H9a、H9b研究了CEO过度自信对于社会比较和历史比较时绩效反馈顺差和企业以知识生成、技术研发为目的进行探索式合作间关系的调节作用。从实证分析的结果可以看出，H9a提出的CEO过度自信会促进社会比较绩效反馈顺差和企业以知识生成、技术研发为目的进行探索式合作间的关系得到了验证，尽管尚没有学者研究CEO过度自信对绩效反馈和企业战略决策制定间关系的调节作用，但是有学者探析了CEO过度自信对企业探索创新行为的直接效应，本书的研究结论与这些观点存在相似之处。例如Galasso等（2010）指出CEO过度自信会促进企业的创新行为，Li等（2010）提出CEO过度自信会促进企业进行更有风险性的战略行为，Wong等（2017）分析了CEO过度自信对探索式和开发式双元平衡的影响，并指出CEO过度自信会进一步加剧双元行为的不平衡。本书将CEO过度自信的心理特质进一步拓展到了影响绩效反馈顺差和联盟组合中双元合作选择间关系的调节变量的研究中，并验证了当企业的实际绩效高于社会比较预期绩效时，CEO过度自信会进一步促进绩效反馈顺差和焦点企业以知识生成、技术研发为目的进行探索式合作倾向的正向关系。H9b提出的CEO过度自信会促进历史比较绩效反馈顺差和企业以知识生成、技术研发为目的进行探索式合作间的关系没有得到验证。可能存在的原因是:第一,不同于社会比较绩效反馈,当企业管理者根据历史比较绩效反馈来制定战略决策时,CEO 对自身企业的发展状况、发展趋势等均有清晰的认知(Kim et al., 2015),这使得其不会一味地倾向于承担风险,进行探索创新,组建以知识生成、技术研发为目的探索式合作。此外,相比较于社会比较,历史比较绩效反馈会受到企业其他管理者更为严格的监督(Kim et al., 2015),因为本企业的管理者能够接触企业内部信息,能够更加全面合理地认识到导致绩效反馈的原因(Menon et al., 2003),严格的监督削弱了 CEO 过度自信的影响。第二,历史比较绩效反馈顺差不仅会给企业带来良好的声誉等无形资产(Levinthal et al., 2010),也会使得 CEO 的战略行为更多地得到企业股东、董事等认可,过度自信的 CEO 为了维护企业良好的发展趋势和外界对企业的正面评价,会规避风险,减少研发创新的倾向(Kim et al., 2015),进而在一定程度上削弱了企业以知识生成、技术研发为目的进行探索式合作的倾向。第三,历史比较绩效反馈顺差会给企业带来更多的冗余资源(Kavusan et al., 2019),使企业拥有更多的可支配资源,过度自信的 CEO 可能会选择兼并(Malmendier et al., 2008)、自我研发(Tang et al., 2015)等更有风险的战略行为,相比较于和联盟伙伴进行探索式合作,兼并或者自我研发等战略行为一旦成功,企业会获得更多的利益,焦点企业和新伙伴进行探索式合作的倾向会被削弱,进而使 CEO 过度自信的调节作用不显著。

H10a、H10b 研究了 CEO 过度自信对社会比较和历史比较时绩效反馈顺差以及企业和新伙伴进行探索式合作间关系的调节作用。从实证分析的结果可以看出,H10a 提出的 CEO 过度自信会促进社会比较绩效反馈顺差以及企业和新伙伴进行探索式合作间的正向关系,H10b 提出的 CEO 过度自信会促进历史比较绩效反馈顺差以及企业和新伙伴进行探索式合作间的正向关系均没有得到验证。可能的原因是:第一,和新伙伴进行联盟合作能够帮助焦点企业获取新知识、拓宽企业的知识资源,在有合作伙伴共担风险的情况下进行探索创新(March, 1991; Lavie et al., 2006),但是由于过度自信的 CEO 经常会高估自己解决问题的能力和效率(Hayward et al., 1997),认为自己能够更好地解决困难任务(Tang et al., 2015),进而减少联盟合作,而选择兼并(Malmendier et al., 2008)、自我研发(Tang et al., 2015)等更具有风险的战略行为,相比较于和联盟伙伴进行探索式合作,兼并或者自我研发行为一旦成功,企业会获取更多利益,因此,焦点企业和新伙伴进行探索式合作的倾向会被削弱,进而使调节作用不显著。第二,绩效反馈顺差代表企业目前状态、发展态势较好,企业的管理决策者经常被赋予更多的自由裁量权(Tang et al., 2015),过度自信的CEO经常将企业较好的绩效表现的原因归结于自身的决策正确(Moore et al., 2008;梁上坤,2015),良好的绩效表现使得CEO认为现阶段的伙伴选择极为正确(Kavusan et al., 2019),而不愿意选择可能影响当前良好绩效的新伙伴,因此削弱了焦点企业和新伙伴进行探索式合作的倾向。第三,对历史比较绩效反馈而言,当企业管理者根据历史比较绩效反馈来制定战略决策时,由于CEO对自身企业的发展状况、发展趋势等均有清晰的认知(Kim et al., 2015),过度自信的CEO对企业的深入了解使其不会一味地倾向于承担风险,而是和新伙伴进行探索式合作。此外,相比较于社会比较,历史比较绩效反馈会受到企业其他管理者更为严格的监督,因为本企业的管理者能够接触企业内部信息,能够更加全面合理地认识到导致绩效反馈的原因(Menon et al., 2003),进而影响企业的战略决策(Kim et al., 2015),企业管理层相对严格的监督(Kim et al., 2015)削弱了CEO过度自信的影响。历史比较时信息的完备性和外部监督会削弱CEO过度自信的影响,使CEO过度自信对绩效反馈顺差以及企业选择和新伙伴进行探索式合作间关系的调节作用不显著。

四、理论贡献

本书基于企业行为理论、资源基础理论、组织双元理论和高层梯队理论将绩效反馈逆差和顺差、焦点企业联盟组合中探索式和开发式双元合作、CEO过度自信等构念放在一个整体的理论框架模型中,以美国高科技上市企业为研究对象,对本书提出的理论假设进行了实证检验。本书提出的20个假设中有16个假设得到了实证结果的支持,本书的理论贡献可分为以下三个部分。

(一)拓展深化了企业行为理论的研究

本书在企业行为理论的基础上结合资源基础理论深入分析了绩效反馈对联盟组合中双元合作选择的影响,从功能维度和结构维度对联盟组合中探索式合作和开发式合作进行了分类,指出绩效反馈逆差比绩效反馈顺差对焦点企业选择双元合作的影响程度更大。

第一,本书基于企业行为理论,同时结合了资源基础理论深入探析了绩效反馈对焦点企业选择双元合作的影响。在探析绩效反馈逆差、顺差和联盟组合中双元合作选择的关系时，仅根据企业行为理论提出的绩效反馈和企业承担风险倾向的逻辑解释企业双元合作选择行为，欠缺对探索式合作和开发式合作的深入探析。资源基础理论可以解释这个现象，基于资源基础理论，企业是由一系列的资源组成的集合（Wernerfelt，1984；Das et al.，2000），企业通过联盟合作可以获取资源（Hitt et al.，2006）和充分利用资源（Chatterjee，1990），通过整合自身和他人的资源实现进一步发展，完成战略目标（Wassmer et al.，2017），实现利益最大化（Ref et al.，2017）。探索式合作和开发式合作会影响企业获取不同的资源、知识和能力，企业通过探索式合作可以获取新知识、新技术，研发新产品，提升突破式创新能力，通过开发式合作可以深度挖掘已有的知识能力，进一步改进优化已有产品，将技术产品化（March，1991；Rothaermel，2001；Lavie，2006）。尽管企业行为理论和资源基础理论是不同的理论，但是两种理论之间也存在一定的共同点，存在着可以互相融合交叉的空间，然而这在现有的文献中并没有受到学者的重视，整合两种理论进行研究具有很大的潜在价值（Pitelis，2007；Ref et al.，2017）。本书响应 Ref（2017）等学者的号召，结合了企业行为理论和资源基础理论对绩效反馈影响联盟组合中探索式和开发式双元合作选择的过程进行深入的探析，从新的视角探析了影响企业选择探索式和开发式双元合作的前因，有助于管理者更好地理解组织战略决策制定的过程。第二，本书分别从功能维度和结构维度对探索式合作和开发式合作进行了区分。在探析影响联盟组合中双元合作模式选择的前因时，学者指出环境不确定性会引起探索式合作（Rothaermel，2001；Beckman et al.，2004）或者开发式合作（Rowley et al.，2000），又或者两者兼有，以及企业规模会促进探索式合作（Rothaermel et al.，2004）或者开发式合作（Beckman et al.，2004）等。本书认为，造成研究结论不一致的重要原因之一是，目前学者在研究联盟组合中双元合作模式选择时，大多从单一维度对探索式合作和开发式合作进行区分（Lavie et al.，2006；Lin et al.，2007），尽管有学者指出联盟组合中双元合作模式可以从多个维度进行区分（Lavie et al.，2006），但是就笔者所知，现有研究在探析影响联盟组合中双元合作选择的前因时，大多仅关注了单一维度（Choi et al.，2018）。由于基于不同维度对探索式合作和开发式合作进行定义时，关注的问题和内容有着明显区别，因此有必要基于不同维度对联盟中的双元合作模式进行区分（Lavie et al.，2006）。已有研究在区分联盟中的双元合作模式时，几乎所有研究集中考虑的是功能维度和结构维度（Rothaermel，2001；Rothaermel et al.，2004；Beckman et al. 2004；Lavie et al.，2006；Lin et al.，

2007),从功能维度或者结构维度对双元合作模式进行分类是目前使用最为广泛且有效的划分手段,与组建联盟的决策最为相关。基于此,为了深入理解影响联盟组合中双元合作选择的前因变量,本书同时从功能和结构两个维度对联盟组合中双元合作模式进行了区分,通过交替比较、验证功能和结构两个维度的实证分析结果,更能够增强研究结论的准确性和可信度。第三,本书进一步探析了同等程度、不同方向的绩效反馈对焦点企业选择双元合作模式的影响程度的区别。学者基于企业行为理论指出绩效反馈逆差、顺差对企业有不同的影响,但少有研究探析不同方向的绩效反馈对企业战略决策制定的影响的区别(Kavusan et al., 2019; Posen et al., 2018),并且已有的研究中针对社会比较和历史比较时不同方向的绩效反馈对企业的影响程度的大小的区别,尚没有一致的结论(Lant et al., 1992; Mishina et al., 2010; Kim et al., 2015; Klueter et al., 2017; Ref et al., 2017)。进一步探析同等程度的绩效反馈逆差、顺差对焦点企业的影响程度的大小的区别,有助于深入地理解企业决策者面临绩效反馈时制定决策的具体过程。基于此,本书响应了 Klueter 等(2017)呼吁更多地探析不同方向绩效反馈对企业战略决策制定的影响,不仅分别探析了绩效反馈逆差和绩效反馈顺差对焦点企业选择双元合作模式的影响,还比较了同等程度的绩效反馈逆差和顺差对企业选择双元合作模式的影响程度的区别,指出绩效反馈逆差对企业的影响程度更大。

(二)丰富了企业行为理论在联盟组合中双元合作领域的应用

本书基于企业决策者有限理性的视角,指出社会比较、历史比较绩效反馈会影响焦点企业的双元合作选择行为,为联盟组合中探索式和开发式双元合作选择的前因研究提供了新的视角。

第一,学者在研究影响联盟组合中探索式和开发式双元战略选择的前因因素时,已有的研究基本上基于企业决策者完全理性的视角,指出合作网络中的位置(Koka et al., 2008),网络联结中的强关系和弱关系(Tiwana, 2008),联盟组合中的资源识取和资源配用过程(孟卫东　等,2018),焦点企业联盟组合管理能力(杨伟明　等, 2018),联盟网络中直接、间接联结以及联结的冗余度(Vanhaverbeke et al., 2007),合作伙伴之间技术距离、网络中心度和合作网络的密度(Nooteboom et al., 2008),企业自身的特质(曹兴　等,2017)等均会影响焦点企业对联盟组合中探索式和开发式双元战略的选择。但是,组织管理者并非是完全理性的(Simon, 1955; Cyert, 1963; March,1991; Kavusan, 2019)。基于企业行为理论，企业决策者在制定战略决策时是有限理性的，会受到获取和处理信息能力的限制，而无法搜集全部的信息并且做出最为精准的决策（Cyert, 1963），有限理性需要被更多地引入有关于影响联盟组合配置前因变量的分析之中（Tyler, 2016; Kavusan et al., 2019）。本书在影响联盟组合中探索式和开发式双元合作的前因因素分析中引入企业决策者是有限理性的前提假设，从企业行为理论的视角探析了焦点企业绩效反馈对联盟组合中双元合作选择的影响。本书的结论指出，焦点企业的双元合作模式选择会受到企业决策者有限理性的影响，焦点企业的绩效反馈和管理者心理特质均会影响联盟组合中的双元合作选择，认识到企业决策者并非是完全理性的，其能够帮助企业制定更加合理、符合企业长期发展的联盟组合双元合作决策。本书的一个实际应用是在有限理性的前提下，绩效反馈可以帮助解释为什么有些时候企业选取的联盟伙伴、合作模式与企业的战略目标、发展方向等不一致，而看起来更像是随机选择的独立联盟组成的一个集合体（Bamford et al., 2002; Reuer et al., 2006; Wassmer, 2010）。第二，基于企业行为理论，企业决策者通过比较组织实际绩效和预期绩效的区别，即绩效反馈来制定企业未来的战略行动（Cyert et al., 1963），基于企业比较对象的不同，绩效反馈可以被分为社会比较和历史比较绩效反馈（Baum et al., 2005; Greve, 1998; Lucas et al., 2018），通过与其他相似企业的绩效水平进行比较得到社会比较绩效反馈，企业通过与自身过去的绩效和目标进行比较得到历史比较绩效反馈（Greve, 2003; Lucas et al., 2018）。有学者指出，社会比较绩效反馈和历史比较绩效反馈对企业战略制定的影响存在差异（Kim et al., 2015），因此本书分别从社会比较和历史比较维度探析了绩效反馈对焦点企业选择联盟组合中探索式合作和开发式合作的影响。研究发现，社会比较和历史比较时绩效反馈对焦点企业双元合作选择行为的影响结论一致，无论是基于社会比较还是历史比较，随着绩效反馈逆差和绩效反馈顺差差异程度的增大，企业更倾向于选择功能维度、结构维度的探索式合作；相比较于绩效反馈顺差，绩效反馈逆差对焦点企业选择功能维度、结构维度双元合作的影响更大。

（三）拓展了影响绩效反馈和联盟组合配置之间关系情境因素的研究

企业行为理论较少关注影响绩效反馈和组织决策间关系的情境因素，本书将CEO过度自信作为调节变量，为探析影响绩效反馈和联盟组合中双元合作选择间关系的情境因素提供了新的思路,指出 CEO 过度自信会影响绩效反馈和企业双元合作选择之间的关系。

企业行为理论的研究通常更关注绩效反馈和组织决策之间的关系,经常忽视影响绩效反馈和组织战略决策之间关系的因素(Greve, 2017; Ref, 2017),本书响应 Shinkle(2012)、张明(2019)等学者号召更多地在绩效反馈领域中引入心理层面认知变量的研究,在探析焦点企业绩效反馈和联盟组合中双元合作的关系时,结合高层梯队理论,引入 CEO 过度自信作为调节变量,探析焦点企业内部高管 CEO 过度自信的心理特质对绩效反馈和企业双元合作选择间关系的调节作用,拓展了企业面对绩效反馈时选择双元合作模式的情境影响因素研究。本书指出,CEO 过度自信会正向调节焦点企业社会比较、历史比较绩效反馈逆差程度和选择功能、结构维度的探索式合作之间的正向关系,CEO 过度自信也会正向调节焦点企业绩效反馈顺差程度和选择功能、结构维度的探索式合作之间的正向关系。一方面,当焦点企业处于绩效反馈逆差时,考虑到 CEO 过度自信的特质会削弱其对企业处于绩效困境的担心,并且低估以知识生成、技术研发为目的进行探索式合作,或者和新伙伴进行探索式合作的风险而高估收益(Malmendier, 2008)。此外,CEO 过度自信的特质会增加焦点企业对潜在新伙伴的吸引力(Kashmiri et al., 2017;乔朋华　等,2019),增大了和新伙伴的合作概率,在一定程度上能够减少搜寻新伙伴的成本。又如,从情绪传染的视角看,CEO 过度自信能够影响组织氛围,CEO 积极正面的情绪会缓解企业中管理者、员工等的消极情绪(王铁男　等,2017),进而影响战略决策制定(Hakonsson et al., 2016),本书指出,CEO 过度自信会促进绩效反馈逆差和探索式合作选择间的正向关系。另一方面,当焦点企业处于绩效反馈顺差时,考虑到 CEO 过度自信会削弱企业处于绩效反馈顺差情境时规避风险的倾向,促进企业选择有利于长期发展的探索式合作。此外,绩效反馈顺差带来的冗余资源在一定程度上会使企业决策者拥有更大的自由裁量权(Klueter et al., 2017),过度自信的 CEO 更倾向于承担风险,进行探索式行为(Li et al., 2010)。又如,CEO 过度自信能够在绩效反馈顺差的情境下进一步吸引更多的新伙伴,降低焦点企业寻找新伙伴、进行探索式合作的搜寻成本,CEO 过度自信在一定程度上能够削弱企业为了维护和已有合作伙伴的良好关系而规避和新伙伴建立探索式合作的倾向。本书将 CEO 过度自信作为调节变量,探析了其对绩效反馈和双元合作选择之间关系的影响,弥补了现有研究中微观层面心理认知特质研究的不足,有助于从企业决策者有限理性的视角解释绩效反馈对企业双元合作选择行为的影响，考虑了 CEO 以及高层管理者的心理特质能够帮助企业制定更加合理有效的战略决策。

五、实践启示

（一）为企业在面对绩效反馈逆差、顺差时选择双元合作的行为提供了实证证据

企业应该认识到，通过和其他企业组建联盟不仅可以获取有价值的知识、资源，同时还可以通过组建联盟分担知识生成、技术研发的风险（詹坤　等，2019），焦点企业在进行联盟合作时，需要根据自身的实际情形以及外部环境特征等选择合适的合作伙伴和合作模式。合适的合作伙伴、模式能够促进企业发展；反之，如果选择了不合适的合作伙伴、合作模式，则会影响企业的可持续发展（Ireland et al.，2002；Krammer，2018）。例如，当企业的联盟合作方较为强势且合作双方技术较为类似时，企业需要警惕技术和信息知识等泄露的风险，避免选择不合适的合作模式给企业带来风险和损失（Yang et al，2013）。

此外，由本书的实证结果可知，即使企业处于绩效困境，仍有其他企业愿意和企业进行合作，因此，企业决策者应该认识到，企业处于绩效反馈逆差并不代表该企业无法找到合适的联盟伙伴。有些企业仍然会愿意和实际绩效低于预期的企业进行合作（Beckman et al.，2004），该企业的失败经验可能会帮助其他企业更好地积累经验、避免失败，有助于其他企业在未来制定更加合理有效的战略决策（Tyler et al.，2016）。

（二）为在管理者有限理性前提下制定战略决策提供了思路

在有限理性的前提下，企业决策者在制定战略决策时，会受到企业社会比较和历史比较绩效反馈的影响（Lungeanu et al.，2015；Kuusela et al.，2016；Klueter et al.，2017；Kavusan et al.，2019）。同等程度的绩效反馈逆差和顺差对企业的影响程度是不一样的。本书中，绩效反馈逆差对企业选择探索式合作的影响程度更大，这与损失规避理论的结论存在一致性，当企业决策者面对同等程度的损失和收益时，决策者更在乎损失，同等程度的损失相对于收益被企业决策者赋予了更大的权重，使损失对企业决策者的影响程度更大（Kahneman et al.，1979；Kahneman et al.，1991）。当企业的绩效表现不佳时，根据企业行为理论，为了解

决绩效困境,提升绩效表现,企业会更倾向于承担风险(Fiegenbaum et al., 1996),进行问题搜索和修正(Cyert et al., 1963)。但是,当企业的管理者在制定决策时,需要认识到更多的变革和较大风险的战略行为并非完全有利于企业的长期可持续发展,一味地追求创新和探索可能会使企业无法最大限度利用已有资源,从而损害了企业利益。因此,当管理决策者面临绩效反馈逆差时,应该更加客观地认识到可能会发生的损失规避效应,避免由于非完全理性而带来的损失,企业决策者应该根据自身的实际情况和需求来制定更加客观的有利于企业可持续发展的战略决策。

(三)为在管理者不同认知特质的情境下企业选择联盟组合中双元合作行为提供了实证依据

本书同时也为企业决策者面对绩效反馈差异制定联盟组合配置的相关决策提供了理论支撑,企业决策者在制定联盟组合相关的战略决策时应该考虑高层管理者心理特质的重要作用。本书在探析焦点企业绩效反馈逆差、顺差对企业选择探索式合作和开发式合作的影响时,探析了CEO过度自信的心理特质的重要性。研究结论表明,CEO过度自信不仅使CEO在制定决策时会低估探索创新的风险、高估探索式合作的收益(Malmendier et al., 2008; Galasso et al., 2011),同时也可能会影响组织内部其他的管理者、员工,甚至影响潜在的合作者态度(Bartel et al., 2000; Barsade, 2002;张明　等,2019),进而影响联盟组合中双元合作的相关决策。在本书的概念框架中,当企业的实际绩效低于预期时,焦点企业中CEO过度自信会促进绩效反馈逆差程度和探索式合作的正向关系;当企业的实际绩效高于预期时,CEO过度自信会促进绩效反馈顺差程度和探索式合作的正向关系。但是,更多地进行探索式合作并非有利于企业发展,焦点企业决策者需要根据企业内外部特征客观、合理地制定联盟组合的双元合作决策,才能最大限度地发挥资源效用,保持竞争优势(Lin et al., 2007;贾慧英　等,2019)。企业决策者在制定战略决策时,需要认识到管理决策者并非是完全理性的,高层管理者的心理特征,如过度自信可能会影响企业制定最优的战略决策。企业决策者在制定战略决策时,综合分析多种影响因素有利于制定出能够最大化利用资源的战略决策,促进企业可持续发展。

第八章　结论与展望

一、研究结论

本书基于企业行为理论、资源基础理论、组织双元理论和高层梯队理论，构建了焦点企业绩效反馈和联盟组合中双元合作选择的理论模型，运用了美国高科技行业224家上市企业1992—2015年的4171个样本数据，针对面板数据的具体特征，使用可行广义最小二乘法对本书提出的理论模型进行了实证分析，20个理论假设中，16个假设得到了实证结果的支持，得出了以下结论。

（1）当焦点企业的实际绩效不同于预期绩效时，绩效反馈逆差程度越大，焦点企业在选择联盟组合中双元合作时越倾向于进行探索式合作；绩效反馈顺差程度越大，焦点企业在选择联盟组合中双元合作时越倾向于进行探索式合作。

不同于以往的研究大多假定企业决策者是完全理性的，本书中基于企业决策者是有限理性的前提，探析了社会比较和历史比较时，当焦点企业的实际绩效分别低于和高于预期绩效时，绩效反馈逆差和顺差对企业选择双元合作模式的影响。在区分联盟组合中的双元合作时，由于基于不同维度对探索式合作和开发式合作进行定义时，关注的问题和内容有着明显区别（Lavie et al.，2006），本书分别从功能维度和结构维度对联盟组合中的双元合作进行了区分。本书的实证研究结论显示：当企业的实际绩效低于社会比较、历史比较的预期绩效时，绩效反馈逆差程度越大，焦点企业越倾向于进行以知识生成、技术研发为目的的探索式合作，或者和新伙伴进行探索式合作。对于高科技企业来说，通过探索式合作研发知识、技术，获取新知识、新技术是企业培养竞争力、取得可持续发展的重要途径之一（Penrose，1959；Ref et al.，2017），随着绩效反馈逆差程度的增大，企业解决绩效困境的诉求也更强烈，进行相对更具风险性的探索式合作的可能性也更大

(Tyler et al., 2016)。当焦点企业的实际绩效高于社会比较、历史比较的预期绩效时,绩效反馈顺差程度越大,焦点企业越倾向于进行以知识生成、技术研发为目的的探索式合作,或者和新伙伴进行探索式合作。绩效反馈顺差会给企业带来冗余资源和良好声誉(Levinthal et al., 2010; Kavusan et al., 2019),使企业能够更注重可持续发展(Klueter et al., 2017),并吸引更多的新伙伴。由于高科技企业需要不断地进行创新才能在行业中维持竞争优势(Klueter et al., 2017),即使企业的实际绩效高于预期绩效,企业仍需要研发新知识、新技术,和新伙伴进行探索式合作,从而维持自身的竞争优势,获得可持续发展。

(2)绩效反馈逆差比绩效反馈顺差对企业选择双元合作模式的影响程度更大。尽管企业行为理论指出不同方向的绩效反馈对企业战略决策制定有不同的影响,但已有研究中仍然缺乏对绩效反馈逆差和绩效反馈顺差对企业的影响及差异的探析(Posen et al., 2018; Kavusan et al., 2019),尚没有学者研究社会比较、历史比较时绩效反馈逆差、顺差对焦点企业选择联盟组合中合作模式的影响程度是否有区别。本书响应了 Klueter 等(2017)呼吁更多地探析企业决策者面对不同方向的绩效反馈而做出战略决策的具体过程,进一步探析了绩效反馈逆差、顺差对企业在进行联盟组合配置时选择探索式合作和开发式合作的影响程度是否有区别。研究结论显示,当企业的实际绩效低于社会比较、历史比较预期绩效时,相比较于绩效反馈顺差,同等程度的绩效反馈逆差对焦点企业选择双元合作模式的影响更大,会使焦点企业更倾向于选择探索式合作,研究结论符合企业行为理论和资源基础理论的相关观点。当焦点企业面对绩效反馈逆差时,企业行为理论和资源基础理论的相关观点均显示绩效反馈逆差会促进企业选择探索式合作的倾向;然而,基于企业行为理论和资源基础理论的不同视角,绩效反馈顺差是否促进企业选择探索式合作的研究结论不一致。例如,有学者指出,绩效反馈顺差带来的冗余资源会减轻企业规避风险的倾向,促使企业采取承担风险、探索研发的战略行为(Klueter et al., 2017; Kavusan et al., 2019);又如,绩效反馈顺差给企业带来的良好声誉是类似于公共物品效力的资源(Levinthal et al., 2010),会吸引更多潜在的、新的合作者,降低寻找新伙伴的搜寻成本(Baum et al., 2005),促进探索式合作选择倾向。也有学者提出了相反的观点,例如,绩效反馈顺差会使企业采取风险较小的行为,削弱了企业进行探索式合作的倾向;又如,企业进行合作的重要原因之一是充分开发利用资源,实现效益最大化(Das et al., 2000)。焦点企业和新伙伴进行探索式合作会侵占现阶段企业在和已有联盟伙伴合作过程中投入的资源、精力(Kavusan, 2019),且无法保证和新伙伴进行探索式合作,能够更好地发挥此部分有价值资源的最大效用,这使得企业缺乏和新伙伴合作的动力。综上,本书指出同等程度的绩效反馈逆差对企业的影响程度更大,会使企业在进行联盟组合双元合作模式选择时更加倾向于选择探索式合作。

(3)焦点企业绩效反馈逆差、顺差和联盟组合中双元合作选择之间的关系受到CEO过度自信的影响。在绩效反馈领域的研究中,企业预期绩效水平的制定在很大程度上受到企业决策者心理认知因素的影响(Gary et al., 2011)。根据高层梯队理论,管理者是基于自身特质、经验等高度个性化的视角来看待企业所处的情境,如机遇和挑战等(Hambrick et al., 1984),管理决策者的认知特质会影响管理者对其所处的企业环境的理解,并最终影响到企业的决策制定(Hambrick et al., 1984; 王铁男,2017)。过度自信作为最为重要和稳健的心理变量之一(Debondt et al., 1994;邓路 等,2016),广泛作用于企业战略决策制定的过程中(张明 等,2019),受到了学者关注和重点研究(Malmendier et al., 2005; Chatterjee et al., 2011; Tang et al., 2015; Wong et al., 2017;于长宏 等,2018;张明 等,2019)。本书响应了Shinkle(2012)呼吁在探析企业绩效反馈和战略行为的关系时,更多地关注管理者心理层面认知变量的调节作用,将CEO过度自信作为调节变量,探析当焦点企业的实际绩效不同于预期绩效时,CEO过度自信对绩效反馈和联盟组合中双元合作选择之间关系的影响。研究结论显示,CEO过度自信会正向调节社会比较、历史比较时绩效反馈逆差程度和企业以知识生成、技术研发为目的或者和新伙伴进行探索式合作之间的正向关系,CEO过度自信同样也会正向调节社会比较、历史比较绩效反馈顺差和企业以知识生成、技术研发为目的或者和新伙伴进行探索式合作之间的正向关系。因为过度自信的CEO经常会低估风险而高估收益(Malmendier et al., 2008),其积极乐观的特质会增加焦点企业对潜在新伙伴的吸引力(Kashmiri et al., 2017;乔朋华 等,2019),进而增大了和新伙伴合作的概率。此外,CEO过度自信能够影响组织氛围,通过情绪传递影响企业内的其他员工,甚至影响潜在的合作伙伴,进而影响战略决策的制定(Hakonsson et al., 2016)。总之,CEO过度自信的心理特质影响了绩效反馈和联盟组合中双元合作选择之间的关系,企业在选择联盟组合中探索式合作和开发式合作时,有必要考虑高管人员心理特质的影响。

二、主要创新点

本书构建了绩效反馈逆差、顺差和焦点企业选择探索式和开发式双元合作之间关系的理论模型,并对模型进行了实证分析,本书主要包含以下三个创新点。

(1)从企业决策者并非完全理性的视角,构建了绩效反馈与联盟组合中双元合作选择关系的回归模型,并证实绩效反馈是影响焦点企业选择双元合作的关键因素。

本书从功能维度和结构维度对双元合作进行了区分,分别提出并验证了绩效反馈逆差、顺差对双元合作选择的影响,实证分析结果表明随着绩效反馈逆差、顺差差异程度的增大,焦点企业更倾向于选择功能、结构维度的探索式合作。已有研究在探析影响联盟组合中双元战略选择的前因时,指出联盟网络的联结模式和特征(Vanhaverbekeet al., 2007)、合作伙伴之间的技术距离、网络中心度和合作网络密度(Nooteboom et al., 2008)、企业自身的知识状态、资源柔性和能力柔性等(曹兴　等,2017)均影响焦点企业对探索和开发双元战略的选择,但是这些研究基本上假定企业决策者是理性评估内外部特质后而制定战略决策。在现实情境中,管理决策者经常是非完全理性的,有限理性需要被更多地引入联盟组合领域的研究中(Tyler, 2016; Kavusan, 2019)。拓宽已有的理论视角,从企业决策者并非完全理性的视角探析联盟组合中双元合作选择的前因极其重要并且符合真正的实际情形,目前尚没有学者从有限理性的视角探析绩效反馈对焦点企业选择探索式合作和开发式合作的影响。本书响应了 Kavusan 等(2019)呼吁进一步从企业并非完全理性的视角探析影响联盟组合配置的前因,从企业决策者并非完全理性的视角,基于企业行为理论、资源基础理论和组织双元理论,探析绩效反馈对焦点企业在进行联盟组合配置时选择探索式合作和开发式合作的影响。此外,在区分联盟领域的双元合作时,基于不同维度对探索式合作和开发式合作进行定义时,关注的问题和内容有着明显区别(Lavie et al., 2006),然而现有研究在探析影响联盟组合中双元合作选择的前因时,大多仅关注了单一维度(Choi et al., 2018),本书响应了 Wassmer(2010)等呼吁进一步多维度衡量联盟组合配置,探析了绩效反馈对与组建联盟的决策最为相关的功能、结构维度分类时双元合作选择的影响。本书引入企业决策者是有限理性的前提假设,指出绩效反馈会影响焦点企业选择功能、结构维度的双元合作,为联盟组合中双元合作选择的前因研究提供了新的视角,通过交替比较、验证功能和结构两个维度的实证分析结果,更能够增强研究结论的准确性和可信度,丰富了绩效反馈影响功能、结构维度双元合作选择的不同理解,有助于深入探析“绩效反馈 - 联盟组合中双元合作选择”之间的关系。

(2)分别探析了社会比较和历史比较时绩效反馈逆差和绩效反馈顺差对联盟组合中双元合作选择的影响的区别,并证实绩效反馈逆差比绩效反馈顺差对双元合作选择的影响程度更大。

根据比较对象的不同,可以从社会比较和历史比较维度区分绩效反馈,本书提出并检验了社会比较和历史比较时绩效反馈逆差、顺差对企业选择双元合作的影响程度是否存在区别。研究结论显示,无论是基于社会比较还是历史比较,绩效反馈逆差比绩效反馈顺差对正向促进企业选择探索式合作的影响程度更大。尽管企业行为理论指出不同方向的绩效反馈对企业战略决策制定有不同的影响,但是已有研究少有探析绩效反馈逆差、顺差对企业战略决策制定的影响的区别(Posen et al., 2018; Kavusan et al., 2019),尚没有学者研究社会比较、历史比较时绩效反馈逆差、顺差对焦点企业选择联盟组合中合作模式的影响程度是否有区别。本书响应了 Klueter 等(2017)呼吁更多地探析不同方向的绩效反馈对企业战略决策制定的影响,提出并检验了不同方向的绩效反馈对企业的影响程度是否存在区别。本书基于企业行为理论、资源基础理论和组织双元理论,探析比较了社会比较和历史比较时不同方向的绩效反馈对企业选择双元合作模式的影响的区别,为管理者在有限理性前提下制定战略决策提供了思路。企业决策者需要认识到同等程度的绩效反馈逆差相对于顺差经常被赋予更大的权重,研究结论拓展并丰富了 Kavusan 等(2019)对绩效反馈和联盟组合重新配置关系的研究,进一步指出了不同方向的绩效反馈对企业的影响程度大小存在差异,有助于深入地理解企业决策者面临不同方向绩效反馈时制定决策的过程。

(3)本书引入 CEO 过度自信作为调节变量,证实绩效反馈逆差、顺差和焦点企业双元合作选择之间的关系受到 CEO 过度自信的影响。

企业高管人员性格特质的研究经常难以进行,部分原因是数据采集困难,CEO 通常不愿意接受心理测试(Cycyota et al., 2006)。本书使用文本分析方法计算了 CEO 过度自信的程度,探析了 CEO 过度自信作为调节变量对“绩效反馈 - 联盟组合中双元合作选择”关系的调节作用。研究结论显示,CEO 过度自信促进了绩效反馈逆差、顺差程度和焦点企业选择探索式合作之间的正向关系。已有的探析企业绩效反馈和战略决策制定间关系的研究中,有学者指出绩效反馈逆差促进企业进行合作(Tyler et al., 2016)，也有研究指出绩效反馈逆差减少了企业的合作倾向(Schillebeeckx et al., 2016)；有学者指出当实际绩效低于预期绩效时，会促使企业承担风险，例如组建更多的研发联盟(Tyler et al., 2016)，但也有研究显示绩效反馈逆差使企业规避风险(Ref et al., 2017)。鉴于绩效反馈和企业联盟行为之间的复杂关系，学者呼吁更多地探析影响两者之间关系的情境影响因素(Kavusan et al., 2019)，企业预期绩效水平的制定在很大程度上受到企业决策者心理认知因素的影响(Gary et al., 2011)，企业管理决策者的认知特质会影响管理者对其所处的企业环境的理解，并最终影响企业决策制定(Hambrick et al., 1984; 王铁男,2017)，是未来研究中需要被重点关注的变量(Shinkle, 2012; Tyler et al., 2016; Wong et al., 2017)。现有研究在探析影响绩效反馈和组织战略行为之间关系的因素时，将管理者心理认知特质作为调节变量的文章极为有限(Shinkle, 2012)，CEO 过度自信作为极为重要且稳健的管理者心理层面认知变量之一(Tang et al., 2015; Wong et al., 2017;张明　等,2019)，可能会影响 CEO 对于绩效反馈的理解，进而影响企业选择双元合作。本书探析了 CEO 过度自信对“绩效反馈 - 联盟组合中双元合作选择”关系的调节作用，为探析企业决策者在有限理性前提下面对绩效反馈进行联盟组合中双元合作选择的情境影响因素提供了新的视角和思路，弥补了现有研究中微观层面心理认知特质研究的不足，将高层梯队理论引入绩效反馈和联盟组合配置的相关研究中，拓展了联盟组合中相关研究的理论基础。

三、研究局限与未来展望

尽管本书在概念框架提出和检验验证的过程中严格按照实证研究的相应规范，但是在实证分析的过程中，仍然存在一些不足之处，这也为未来更加深入探析联盟组合相关研究提供了一些启示和研究方向。本书的局限性包括以下三个方面。

首先，本书缺乏对其他类型的经济制度的研究。考虑到本书检验的是更具一般性的普适性结论和道理，从情境上来看其更适合建立在完全自由的市场经济情境下。本书选择了美国上市企业 S&P 1500 指数中高科技行业中的企业作为研究样本，探析了绩效反馈逆差、顺差和焦点企业组建联盟组合时选择探索式合作和开发式合作的关系，但是本书缺乏对于不同经济制度环境下绩效反馈和联盟组合配置之间关系的探析，在不同制度环境下检验研究结论是否成立有利于提高结论的可靠性和普适性。因此,未来的研究中可以将研究背景拓展到经济制度环境不一样的国家,例如研究处于转型经济情境下的中国,研究在中国特色社会主义背景下绩效反馈对焦点企业选择探索式和开发式合作的影响。综上,进一步在多种经济制度背景下探析绩效反馈对联盟组合中双元合作选择的影响有利于深入理解两者之间的关系。

其次,本书仅探析了 CEO 心理特质中最为稳健且重要的变量之一——过度自信对绩效反馈和联盟组合中双元合作选择间关系的影响作用。管理者认知变量还包含其他的变量,有待于进一步的挖掘和探析,例如自恋(Chatterjee et al., 2007)、自卑、积极情绪等(Schillebeeckx et al., 2016),未来研究可以进一步探析其他类型的心理特质变量对焦点企业组建联盟组合相关战略决策的影响。

最后,本书没有同时结合一手数据和二手数据,在研究 CEO 的心理特质时,受限于针对上市企业 CEO 心理特质的一手数据资源难以收集,问卷调查、访谈等方法较难实施(Cycyota et al., 2006),本书采用的是通过新闻报道等二手数据来衡量 CEO 过度自信的程度,未来的研究可以通过进行深度案例研究、实验研究等方法,同时结合一手数据和二手数据来比较研究 CEO 的过度自信程度,通过交互验证进一步提升数据和研究结论的可靠性。

第九章　拓展研究：绩效反馈和产学研联盟组合

在前八章中，我们深入剖析了绩效反馈在战略联盟组合配置中的关键作用，揭示了在有限理性的框架下，企业如何根据绩效反馈调整其联盟策略。这些发现不仅增进了我们对企业行为模式的理解，也为战略联盟的决策提供了理论支持。在此基础上，笔者将有限理性下的战略联盟决策研究延伸至产学研联盟，探讨绩效反馈如何影响这一特定联盟类型的组合配置。在有限理性的背景下，分析创新绩效反馈在产学研联盟组合配置中的作用，以进一步丰富战略联盟决策的理论框架，揭示企业面对复杂决策时的行为模式和策略选择，为产学研合作提供更具针对性的实践指导。

企业通过组建产学研联盟组合来拓宽知识、资源获取渠道，进而获取竞争优势已成为当前中国情境下的普遍现象。然而，现有研究在探析影响焦点企业联盟组合配置的因素时大多基于企业决策者完全理性视角，而对基于有限理性视角的探究不足。本研究基于企业行为理论，探讨了在企业决策者有限理性的前提下创新绩效反馈如何影响企业配置产学研联盟组合规模的问题。基于中国医药行业上市企业的面板数据，本研究发现：一方面，实际创新绩效低于预期创新绩效的程度越大，企业越倾向于扩大产学研联盟组合规模，而组织冗余资源和政府补助会增强创新绩效反馈逆差程度和产学研联盟组合规模之间的正向关系；另一方面，实际创新绩效高于预期创新绩效的程度越大，企业越倾向于缩小产学研联盟组合规模，而组织冗余资源和政府补助会削弱创新绩效反馈顺差和产学研联盟组合规模之间的负向关系。

一、现实背景

加强企业主导的产学研深度融合，强化目标导向，提高科技成果转化和产业化水平。在社会主义新时代下,产学研各方如何深度合作以提升企业技术创新能力和竞争力,进而提升我国创新发展能力,是时下理论界正在探究的学术热点问题和亟待破解的现实难题(徐欣 等,2020;Zhang et al., 2020)。随着全球经济一体化进程的加快,市场竞争日趋激烈,企业难以仅依靠自身获取支持企业可持续发展的所有知识、技术和资源。在企业自身迫切需求和各级政府的大力推动下,与高校、科研院所合作组建多个产学研联盟、形成产学研联盟组合日益成为企业的战略选择,并成为当前学术研究的热点(张树满 等,2021;王钰莹 等,2021)。产学研联盟组合是指焦点企业参与的所有类型产学研联盟的集合,能够为企业探索创新提供强有力的工具,帮助企业获取发展所需要的多种资源,更好地应对环境变化带来的机遇与挑战。然而,联盟组合的效果经常不明显,焦点企业只有合理有效地配置联盟组合,才能进一步发挥联盟组合优势,提升技术创新能力和竞争力,保持长期可持续发展(Kavusan et al., 2019;詹坤 等,2017)。从理论上剖析影响产学研联盟组合配置的因素具有重要的现实意义,能为我国企业合理配置产学研联盟组合进而提升创新竞争力提供有价值的见解。

国内外现有产学研联盟的研究中主要关注双边或者单个联盟关系,基于联盟组合层面的探讨明显不足(Zhang et al., 2020;张树满 等,2021)。已有研究在剖析影响焦点企业产学研联盟组合配置的前因时,主要基于企业决策者完全理性的前提进行研究(王钰莹 等,2021)。然而,企业决策者经常是非完全理性的(Simon, 1955),产学研联盟组合的配置会受到企业有限地获取、处理信息能力的影响,从而无法搜集全部的信息以制定的合理战略决策(Cyert et al., 1963)。企业决策制定者经常会通过评估企业当前绩效与过去绩效之间的差异,即绩效反馈,作为企业是否需要进行战略调整的信号(Hakonsson et al., 2016)。根据企业行为理论,企业决策者在制定战略决策时经常是有限理性的,会受到获取和处理信息能力的限制,从而无法搜集全部的信息并且做出最为精准的决策。因此,企业经常用简化后的规则去调整行为以及对绩效反馈做出相应的反馈,绩效反馈为企业组织的决策提供了一个重要的参考模式(张远飞 等,2013)。此外,当前学术界也呼吁在研究联盟组合相关问题时要更多考虑企业决策者是有限理性的前提假设(Kavusan et al., 2019)。产学研联盟组合决策会受到企业有限的获取和处理信息能力的影响,基于有限理性的视角探析绩效反馈对于企业决策者制定产学研联盟组合配置相关决策的影响具有重要的理论意义。

企业组建产学研联盟组合的主要目的是获取高校、科研院所的知识而进行创新（Zhang et al. , 2020；张树满　等，2021），因此本研究选取创新绩效反馈作为企业参照的绩效比较维度。本研究认为，焦点企业实际创新绩效和预期创新绩效的差异，即创新绩效反馈会影响企业组建产学研联盟的行为。其中，创新绩效反馈可以被分为创新绩效反馈逆差和创新绩效反馈顺差（Simon, 1955；Cyert et al. , 1963）。由于规模维度是联盟组合最明显的配置特征，具有重要的理论价值（Zhang et al. , 2020；Lahiri et al. , 2013），因此本研究着重针对产学研联盟组合的规模维度进行探讨。本研究基于我国医药行业上市企业面板数据，从有限理性的视角，基于企业行为理论探析了我国转型经济情境下创新绩效反馈逆差、顺差对焦点企业配置产学研联盟组合规模的影响，并剖析了组织冗余资源和政府补助在该关系中的作用。第一，本研究基于企业行为理论，探析了不同方向的创新绩效反馈对产学研联盟组合规模的影响，拓展了影响焦点企业产学研联盟组合规模因素的相关研究；第二，本研究引入资源基础理论，探析了组织内部的冗余资源和组织外部的政府补助对创新绩效反馈和产学研联盟组合规模之间关系的调节作用，丰富了绩效反馈与产学研联盟组合配置关系的研究；第三，本研究基于有限理性视角研究了影响产学研联盟组合配置的动因，帮助企业在综合分析多方面因素后更加合理有效地配置产学研联盟组合，丰富了中国企业产学研合作的相关研究。

二、理论基础与研究假设

（一）企业行为理论

企业行为理论是研究企业行为和管理的重要理论之一，并对组织理论、战略管理的邻近领域研究产生了巨大的影响（Shinkle, 2012; Cyert, 1963）。根据企业行为理论，企业可以基于可测量的指标来建立企业的目标以及预期水平，包括财务绩效、创新绩效和生产指标等（Cyert et al. , 1963）。企业制定的预期水平代表了企业认为自身发展态势良好时能够接受的最低标准，且企业决策者可通过比较企业的实际绩效水平和预期水平之间的绩效反馈来制定组织战略决策（Simon, 1955）。实际绩效没有达到预期绩效水平会促使企业进行问题搜索，采取一系列的组织变革来改变绩效困境。与之相反，当实际绩效水平高于预期绩效水平时：一方面，企业会倾向于规避风险，减少战略行为，从而保持较好的业绩发展趋势；另一方面，企业会使用其多余的资源来尝试较有风险的、基于资源搜索的战略行为(Schillebeeckx et al., 2016)。

(二)创新绩效反馈逆差和产学研联盟组合规模

产学研联盟组合规模是指焦点企业在一定时期内参与的所有产学研联盟的数量总和(Zhang et al., 2020)。考虑到企业组建产学研联盟的主要目的提升企业创新绩效(原长弘　等,2019),因此本研究选取了企业创新绩效作为绩效反馈的比较对象。本研究认为,实际创新绩效低于预期创新绩效的程度越大,焦点企业越倾向于扩大产学研联盟的组合规模,主要理由如下。

首先,当企业处于创新绩效反馈逆差时,其拥有的知识技术资源相对较少,而通过产学研联盟可以获取维持发展所需要的多种新知识、新技术和有价值的资源(Hess et al., 2011),进而可以更好地克服挑战,把握未来发展机遇(Tyler et al., 2016)。产学研联盟组合规模的增大能帮助焦点企业获取知识、信息和创新资源等,提高焦点企业的创新竞争力,促进企业长期可持续发展(曹霞　等,2016;Zhang et al., 2020),因此处于创新绩效反馈逆差的企业倾向于扩大产学研联盟组合规模。

其次,当处于创新绩效反馈逆差时,企业响应政府号召构建产学研联盟有利于与政府建立良好关系,优先获取政府金融资源、税收优惠以及财政补贴等方面的支持(余明桂　等,2008)。一直以来,我国各级政府大力倡导企业与高校、科研院所合作,建立产学研深度融合的技术创新体系。当处于创新绩效逆差时,企业的社会认可度降低,难以获取外界的技术和资源。此时,响应政府号召构建产学研联盟能够帮助企业获取合法性和外界支持(张春雨　等,2018),进而能够更有效地帮助企业脱离现有的绩效困境,获得外界帮助,促进企业创新和可持续发展,因此企业倾向于扩大产学研联盟组合规模。

再次,当实际创新绩效低于预期创新绩效时,企业会开展以解决问题为导向的搜索行为。当处于创新绩效逆差时,企业的创新能力薄弱、创新成果相对较少、创新绩效表现较差。为了脱离目前的创新绩效困境,企业会更愿意承担风险并进行战略改变(Tyler et al., 2016;Hakonsson et al., 2016),因此与高校、科研院所合作组建产学研联盟的意愿更强。综上所述,本研究提出以下假设:

H1:企业实际创新绩效低于预期创新绩效的程度越大,越倾向于扩大产学研联盟组合规模。

(三)创新绩效反馈顺差和产学研联盟组合规模

本研究认为,实际创新绩效高于预期创新绩效的程度越大,焦点企业越倾向于缩小产学研联盟组合规模,主要理由如下。

首先,当企业处于创新绩效反馈顺差时,企业拥有的创新资源较为充足(Tyler et al., 2016)。此时,企业的组织决策者更可能将有限的注意力配置到能够开发利用现有知识技术创新资源的战略中(Kuusela et al., 2017)。企业和高校、科研院所合作的重要原因是获取知识、技术,并进行科技成果转化从而实现自身创新能力和创新绩效的提升(陈伟　等,2020)。当实际创新绩效高于预期创新绩效时,企业自身拥有的可转化的基础知识较为充足,因此与高校和科研院所合作的动力会相应降低,从而导致企业缩小产学研联盟组合规模。

其次,创新绩效反馈顺差会给企业带来更多的可支配资源、良好的声誉资源和被认可度(Klueter et al., 2017)。此时,焦点企业为了获取政府补助、政府资源以及合法性而组建产学研联盟的倾向会相应减弱。并且,当企业的组织资源较为充裕时,可能会给予企业更多的自由去探索新的、潜在的能够带来更高收益的战略行为,如研发和兼并(Levinthal et al., 1981),而不再选择组建产学研联盟。

最后,创新绩效反馈顺差会削弱企业承担风险的倾向。当实际创新绩效高于预期创新绩效时,为了保持现阶段良好的创新绩效态势,企业会倾向于规避风险(Iyer et al., 2008; Cyert et al., 1963)。而参与构建产学研联盟组合存在一定的风险,并可能为企业带来一定的成本(Zhang et al., 2020)。因此,处于创新绩效反馈顺差的企业倾向于减少与更多高校、科研院所等组建产学研联盟组合的行为。综上所述,本研究提出以下假设:

H2:企业实际创新绩效高于预期创新绩效的程度越大,越倾向于缩小产学研联盟组合规模。

(四)组织冗余资源的调节作用

本研究认为,组织冗余资源会增强创新绩效反馈逆差程度和焦点企业产学研联盟组合规模之间的正向关系,主要理由如下。

一方面,当处于创新绩效反馈逆差时,组织冗余资源会增强企业承担有风险行为的信心和倾向。当实际创新绩效低于预期创新绩效时,企业实际拥有的可支配资源较少(Iyer et al., 2008),此时组织冗余资源为企业提供了一定的资源保障。组织冗余资源可以保证企业在现阶段正常运行、发展的前提下,促进企业更多地进行承担风险、探索研发的战略行为(Levinthal et al., 1981)。因此,组织冗余资源能够增加企业承担风险的倾向,增强处于创新绩效反馈逆差的企业选择和更多高校、研究院所建立更多产学研联盟的倾向,即加强了创新绩效反馈逆差对企业产学研联盟组合规模的正向影响。

另一方面,处于创新绩效反馈逆差的企业可支配的资源不足,其抵抗风险、不确定性的能力降低(Iyer et al., 2008)。在此情况下,企业决策者受到外部董事的监督和约束的程度相对更大,进而限制了企业和更多的产学研伙伴进行合作,限制了企业扩大产学研联盟组合的规模。而组织冗余资源能够在一定程度上减轻企业决策者受到外部董事的监督、约束限制,进而使企业决策者可以将注意力、资源集中到企业长期战略目标上(Monteiro et al., 2017),从而加强了处于创新绩效反馈逆差的企业扩大产学研联盟组合规模的倾向。综上所述,本研究提出以下假设:

H3a:冗余资源会增强创新绩效反馈逆差程度和企业产学研联盟组合规模之间的正向关系。

本研究认为,组织冗余资源会削弱创新绩效反馈顺差和焦点企业产学研联盟组合规模之间的负向关系,主要理由如下。

一方面,创新绩效反馈顺差使企业为了维持良好的绩效情况而减少采取有风险的战略行为(Klueter et al., 2017)。当组织资源较为充足时,企业会放松对承担风险、开展创新战略行为的约束限制,并且倾向于更多地探索潜在的、能够带来更高收益的战略行为。组织冗余资源可以从一定程度上保证企业现阶段的正常发展(Iyer et al., 2008),进而减轻企业规避风险的倾向,促进企业更多地进行有风险的战略行为。因此,组织冗余资源会削弱处于创新绩效反馈顺差的企业缩小产学研联盟组合规模的倾向。

另一方面,组织冗余资源赋予了企业更大的自由度以便和更多的高校、科研院所组建联盟探索新方向、新方法(Malmendier et al., 2008)。在创新绩效反馈顺差的情境下,选择和更多的产学研合作伙伴组建联盟组合可能会分散企业有限的资源和精力,影响企业在现有的优势领域的发展,使企业无法更大限度地使用有价值的资源,并增大了企业可能面临的风险(Ref et al., 2017)。然而,组织冗余资源会增强企业应对风险的能力,因此会削弱创新绩效反馈顺差和产学研联盟组合规模之间的负向关系。综上所述,本研究提出以下假设:

H3b:冗余资源会削弱绩效反馈顺差和企业产学研联盟组合规模之间的负向关系。

(五)政府补助的调节作用

政府补助主要是指政府给予企业的各类财政补贴。本研究认为,政府补助会增强创新绩效反馈逆差程度和焦点企业产学研联盟组合规模之间的正向关系,主要理由如下。

一方面,政府补助作为一种特定的企业外部资源,能够有效地减小企业在创新绩效反馈逆差情况下面临资源匮乏的压力,提高企业的风险承担能力。在我国经济转型情境下,政府重新配置资源,经常能够纠正市场失灵,实现利益最大化(Matsusaka, 2001)。焦点企业和多个高校、科研院所组建产学研联盟的行为会受到外部资源的影响,而政府通过给企业提供一定的资金补助,能有效地帮助和支持焦点企业进行有风险性的创新行为(张志元,2020)。因此,政府补助能够增强处于创新绩效反馈逆差企业的风险偏好和行为,推动企业组建更大规模的产学研联盟组合,即强化了创新绩效反馈逆差对产学研联盟组合规模的正向影响。

另一方面,政府补助代表该企业得到了政府认可,有利于提高企业的合法性。在我国转型经济情境下,政府和企业建立稳定的政企关系会向外界释放有利于焦点企业的信号,使企业拥有了制度上的合法性(原长弘　等,2015)。在这种情况下,政府补助能降低创新绩效反馈逆差给企业带来的不利影响,增强投资者对与焦点企业开展合作的信心,从而吸引更多的潜在的产学研伙伴和企业进行合作,增强了处于创新绩效反馈逆差的企业扩大产学研联盟组合规模的动机,即增强了创新绩效反馈逆差对企业产学研联盟组合规模的正向影响。综上所述,本研究提出以下假设:

H4a:政府补助会增强创新绩效反馈逆差程度和企业产学研联盟组合规模之间的正向关系。

本研究认为,政府补助会削弱创新绩效反馈顺差和焦点企业产学研联盟组合规模之间的负向关系,主要理由如下。

一方面,创新绩效反馈顺差会降低企业承担风险的倾向。为了保持现阶段良好的创新绩效态势,企业会倾向于选择规避风险的行为(Cyert et al., 1963; Iyer et al., 2008),从而降低参加产学研联盟的倾向。当实际创新绩效高于预期创新绩效时,将有限的资源用于探索新技术、新机遇以及开放新技术、新应用,可能会影响企业在现有的优势领域的发展,无法更大限度地使用企业的有价值资源(Ref et al., 2017; Matsusaka, 2001)。在这种情况下,政府补助给予了企业更多的资源,提高了企业承担风险的能力,鼓励企业去探索和开发新技术、新知识,因而降低了创新绩效反馈顺差对焦点企业产学研联盟组合规模的负向影响。

另一方面,企业进行联盟合作的重要原因之一是充分利用已有资源,避免闲置资源未被最大限度地利用(陈怀超　等,2020;Ref et al., 2017)。而创新绩效反馈顺差表明焦点企业现阶段已有的知识、技术和应用等与市场需求较为匹配,企业拥有的生产资料等可以被高效地运用,因此企业通常不愿意用有限的资源去探索新的合作渠道。在这种情况下,政府补助能促进企业积极探索新的合作渠道,强化了企业与高校、科研院所开展深度合作的动机,从而削弱了创新绩效反馈顺差对企业产学研联盟组合规模的负向影响。综上所述,本研究提出以下假设:

H4b:政府补助会削弱创新绩效反馈顺差和企业产学研联盟组合规模之间的负向关系。

三、样本选择和研究设计

(一)样本选取和数据来源

为了探讨创新绩效反馈对焦点企业产学研联盟组合规模的影响,本部分选取2008—2017年医药制造业上市企业为研究对象。选取上述样本的原因是:第一,我国处于经济转型时期,市场化改革取得了一定的进展,企业构建产学研联盟组合与政府给企业提供补助的情况十分普遍;第二,医药制造业行业具有不确定性高、创新活动频繁的特征,选取医药制造业企业有利于研究创新问题。总体而言,本研究共选取了211家医药制造业上市企业为初始样本,包括97家主板上市企业、59家中小板上市企业和55家创业板上市企业。为了保证本研究样本数据充足,本研究剔除了在2016年之后上市的企业,共为31家,剔除了处于ST(特别处理)状态的2家企业。最后剩余178家企业,包括85家主板上市企业、51家中小板上市企业和42家创业板上市企业。删除缺失值以后,本研究最终获得了2008—2017年167家企业的非平衡面板数据,共计779个观测值。

本研究通过Wind数据库、企业官网和网络新闻,搜集并整理了企业产学研联盟组合数据。通过从多个渠道搜集、对比产学研联盟组合资料,保证了数据的可靠性。借鉴现有研究的处理方法,笔者对搜集资料进行了文本分析,筛选出全文中包括“大学”“学院”“学校”“院所”“研究所”“研究院”“设计院”“产学研”以及“合作”等关键词的企业公告、新闻(张树满　等,2021;王钰莹　等,2021;Zhang et al., 2020)。随后,通过查阅分析,笔者整理出本研究研究样本企业的产学研联盟组合相关信息。焦点企业的专利数据来源于国泰安专利数据库和国家知识产权局数据库。焦点企业的相关信息来源于国泰安数据库,例如组织冗余资源、政府补贴、企业规模、国有股权比例和研发经费支出等。对于国泰安数据库的缺失值,笔者直接从上市公司年报上搜集并补充相关数据。

(二)变量定义和测度

1. 因变量

因变量是产学研联盟组合规模。产学研联盟组合是一种特殊类型的联盟组合,在借鉴联盟组合规模定义的基础上结合产学研联盟组合的特征,本研究将产学研联盟组合规模定义为:与焦点企业在3年内(t 到 $t-2$)具有直接联系的高校或者科研组织的数量之和(张树满,2021)。产学研联盟存续时间一般为3~5年,与以往研究一致,本研究采取使用较为广泛的3年的移动窗口来测算产学研联盟组合规模。

2. 自变量

自变量是创新绩效反馈。创新绩效反馈是指企业实际创新绩效和预期创新绩效之间的差异,预期创新绩效是指特定组织对创新绩效的期望水平。专利数据较易获得且能够客观反映企业的创新能力,被广泛用于测量企业的创新绩效,因此基于以往研究,本研究的创新绩效用企业第 t 年申请的专利数量测度(Zhang et al., 2020)。根据以往研究,创新绩效反馈用焦点企业的实际专利申请数量和该企业所处同行业的所有企业申请专利数量的中位数的差值来进行测度。基于企业行为理论,绩效反馈可以被分为绩效反馈逆差和绩效反馈顺差,实际创新绩效低于预期创新绩效时,即绩效反馈小于0时为绩效反馈逆差。本研究中绩效反馈逆差程度是指实际创新绩效低于预期创新绩效的绝对值,当实际创新绩效高于预期创新绩效时为绩效反馈顺差(吕迪伟　等,2018;Kavusan et al., 2019)。本研究中绩效反馈顺差衡量了实际创新绩效高于预期创新绩效的程度。

3. 调节变量

(1)组织冗余资源。组织冗余资源由企业的销售费用和管理费用的和与该企业的销售收入的比值来测度。

(2)政府补助。政府补助反映了政府对企业的补助强度,包括政府对企业的财政投入和拨款等,我们使用企业获得的政府各类补贴之和的自然对数对其进行测度(张志元　等,2020)。

4. 控制变量

本研究控制了可能影响企业参加产学研联盟的因素,具体如下。

(1)市场化指数。本研究采用学术界使用较为广泛的市场化指数衡量企业所在省域的市场化程度。

(2)国有股权比例。国有股权反映了企业和政府的政治关联和所有权性质,国有股权比例是指国有股权占企业所有股权的比例(唐跃军　等,2014)。

(3)企业年龄。企业年龄是指企业成立的年数,其对企业的战略选择和绩效存在影响。

(4)企业规模。企业规模使用企业资产的自然对数来进行衡量,不同规模企业拥有的资源、承担风险的能力等均存在差异(Zhang et al., 2020)。

(5)销售利润率。销售利润率反映了企业的盈利能力,本研究使用净利润与销售收入的比值来衡量销售利润率。

(6)研发强度。研发强度对企业的探索、创新、承担风险等决策有影响。参考现有研究,本研究采用研发投入占焦点企业销售额的比例来测度研发强度。最后,本研究对年份虚拟变量进行了控制。

(三)模型选择

本研究的因变量产学研联盟组合规模为非负整数,因此适合采用负二项回归方法和泊松回归方法来进行估计。由于负二项回归能更好地解决过度分散问题,因此本研究使用了负二项回归方法检验了创新绩效反馈对产学研联盟组合规模的影响,并使用了泊松回归方法进行了稳健性检验。

本研究主要使用随机效应模型,主要原因如下:第一,Hausman(豪斯曼)检验结果拒绝原假设,不能认为固定效应模型比随机效应模型更有效;第二,随机效应模型能对研究中不随时间改变的变量进行估计;第三,随机效应模型考虑了个体效应,能控制未被观察到的异质性,且不存在固定效应模型具有的附带参数问题(Zhang et al., 2020)。

四、实证结果与分析

(一)描述性统计分析

表9-1展示了本研究主要变量平均值、标准差和各变量间的泊松相关系数,从描述性统计的结果可以看出,政府补助和企业规模与焦点企业产学研联盟组合规模存在显著的正相关关系,绩效反馈逆差绝对值和绩效反馈顺差存在显著的负相关关系,绩效反馈逆差绝对值、绩效反馈顺差和因变量之间的关系不显著。各个变量之间的关系和更为精确的结论有待于进一步地分析和探讨。此外,各个变量之间的相关系数均低于0.60,并且各个回归方程的VIF均小于10(Greve, 2003),可以认为模型不存在严重的多重共线性问题。

(二)回归分析结果

表9-2展示了创新绩效反馈逆差、顺差对焦点企业产学研联盟组合规模的影响,以及调节变量冗余资源和政府补助对主效应的调节作用。模型1检验了控制变量对产学研联盟组合规模的影响,模型2检验了创新绩效反馈逆差和顺差对焦点企业产学研联盟组合规模的影响。检验结果表明,创新绩效反馈逆差绝对值的系数显著为正($\beta=0.04, p\leqslant 0.01$),即当企业的实际创新绩效低于预期创新绩效的程度越大,焦点企业越倾向于扩大产学研联盟组合规模,因此支持了H1。此外,创新绩效反馈顺差的系数显著为负($\beta=-0.01, p\leqslant 0.05$),表明当企业的实际创新绩效高于预期创新绩效的程度越大,焦点企业越倾向于缩小产学研联盟组合规模,因此支持了H2。模型3中加入了调节变量组织冗余资源,检验了组织冗余资源对绩效反馈逆差、顺差和焦点企业产学研联盟组合规模间关系的影响。由表9-2可知:组织冗余资源和绩效反馈逆差绝对值的交互项系数显著为正($\beta=0.06, p\leqslant 0.01$),表明当企业实际创新绩效低于预期时,冗余资源增强了创新绩效反馈逆差和焦点企业产学研联盟组合规模之间的正向关系,因此支持了H3a。组织冗余资源和绩效反馈顺差的交互项系数显著为正($\beta=0.01, p\leqslant 0.1$),表明当企业实际创新绩效高于预期时,冗余资源削弱了创新绩效反馈顺差和焦点企业产学研联盟组合规模之间的负向关系,因此支持了H3b。模型4中加入了调节变量政府补助,检验了政府补助对创新绩效反馈逆差、顺差和焦点企业产学研联盟组合规模间关系的影响。政府补助和绩效反馈顺差的交互项系数

表 9－1　变量描述性统计及相关系数

变量	1	2	3	4	5	6	7	8	9	10	11
1. 产学研联盟组合规模	1										
2. 创新绩效逆差	−0.04	1									
3. 创新绩效顺差	0.03	−0.25	1								
4. 冗余资源	−0.02	0.04	−0.02	1							
5. 政府补助	0.15	0.31	−0.35	0.17	1						
6. 市场化指数	−0.05	0.04	−0.12	0.04	0.04	1					
7. 国有股权比重	0.04	−0.06	0.06	−0.02	0.03	−0.03	1				
8. 企业年龄	−0.01	−0.03	0.14	0.03	0.21	0.08	−0.04	1			
9. 企业规模	0.19	0.34	−0.24	0.27	0.60	0.21	0.06	0.27*	1		
10. 销售利润率	0.05	0.04	−0.08	−0.23	0.09	−0.05	−0.04	−0.03	0.27	1	
11. 研发强度	−0.05	0.10	−0.22	−0.13	0.07	0.05	0.14	−0.03	−0.03	−0.41	1
平均值	1.31	13.50	2.97	0.23	15.97	7.36	0.03	16.64	21.58	0.15	3.85
标准差	1.77	38.70	4.10	0.42	1.34	2.01	0.11	4.59	0.95	0.17	3.09

注:$N = 779$,绝对值大于 0.07 表明在 5% 水平上显著。

显著为正($\beta=0.01, p\leqslant0.1$),表明当企业实际创新绩效高于预期创新绩效时,政府补助削弱了绩效反馈顺差和焦点企业产学研联盟组合规模之间的负向关系,因此支持了 H4b。政府补助和绩效反馈逆差绝对值的交互项对焦点企业产学研联盟组合规模的回归系数不显著,可能的原因是当焦点企业处于绩效反馈逆差时,会更倾向于进行风险较大的战略行为,进而解决企业困境,然而政府补助在一定程度上缓解了企业急切需要解决绩效困境的情境,进而使调节效应不显著。

表 9-2 绩效反馈与产学研联盟组合规模

变量	模型 1	模型 2	模型 3	模型 4
创新绩效逆差绝对值		0.04***	0.03**	0.03**
		(0.02)	(0.02)	(0.02)
创新绩效顺差		-0.01**	-0.01**	-0.01***
		(0.00)	(0.00)	(0.01)
创新绩效逆差绝对值 * 冗余资源			0.06***	0.06***
			(0.02)	(0.02)
创新绩效顺差 * 冗余资源			0.01*	0.00
			(0.00)	(0.00)
创新绩效逆差绝对值 * 政府补助				-0.01
				(0.01)
创新绩效顺差 * 政府补助				0.01*
				(0.00)
冗余资源	-0.14	-0.13	-0.17*	-0.17*
	(0.09)	(0.09)	(0.09)	(0.09)
政府补助	-0.04	-0.02	-0.01	0.00
	(0.05)	(0.05)	(0.05)	(0.05)
市场化指数	-0.12	-0.06	-0.10	-0.09
	(0.10)	(0.104)	(0.10)	(0.10)
国有股权比重	0.66	0.510	0.35	0.35
	(0.48)	(0.48)	(0.48)	(0.48)
企业年龄	0.01	-0.05	-0.04	-0.05
	(0.09)	(0.08)	(0.09)	(0.09)

续表

变量	模型 1	模型 2	模型 3	模型 4
企业规模	0.30*	0.45***	0.47***	0.50***
	(0.16)	(0.16)	(0.16)	(0.16)
销售利润率	0.57	0.62*	0.52	0.58*
	(0.36)	(0.36)	(0.35)	(0.35)
研发强度	-0.01	0.01	0.01	0.01
	(0.03)	(0.03)	(0.03)	(0.03)
年份	控制	控制	控制	控制
截距项	-5.20	-7.94**	-8.29**	-8.58**
	(3.55)	(3.61)	(3.57)	(3.58)

注：$N=779$，*** 表示 $p\leqslant0.01$，** 表示 $p\leqslant0.05$，* 表示 $p\leqslant0.1$，括号内数值为标准误。

(三)稳健性检验

为了进一步验证本研究结论的可靠性和稳定性,本部分进行了稳健性检验。

第一,泊松回归分析方法能有效地处理结果变量为计数变量的问题(Belderbos et al., 2018),因此本研究使用了泊松回归分析方法,探析绩效反馈差异和焦点企业产学研联盟组合规模之间的关系,以及调节变量组织冗余资源和政府补助对主效应的调节作用,回归结果如表 9-3 所示。绩效反馈逆差绝对值的系数显著为正($\beta=0.03, p\leqslant0.01$),从而支持了 H1。绩效反馈顺差的系数显著为负($\beta=-0.01, p\leqslant0.01$),从而支持了 H2。组织冗余资源和绩效反馈逆差绝对值的交互项系数显著为正($\beta=0.04, p\leqslant0.01$),从而支持了 H3a。组织冗余资源和绩效反馈顺差的交互项系数显著为正($\beta=0.01, p\leqslant0.1$),从而支持了 H3b。政府补助和绩效反馈顺差的交互项对焦点企业产学研联盟组合规模的回归系数显著为正($\beta=0.01, p\leqslant0.1$),从而支持了 H4a。综上所述,通过更换回归分析方法,研究结果与上文保持一致。

表 9-3　稳健性检验 1 回归结果

变量	模型 5	模型 6	模型 7	模型 8
创新绩效逆差绝对值		0.03***	0.02**	0.02*
		(0.01)	(0.01)	(0.01)
创新绩效顺差		-0.01**	-0.01***	-0.01***
		(0.00)	(0.00)	(0.00)

续表

变量	模型 5	模型 6	模型 7	模型 8
创新绩效逆差绝对值 * 冗余资源			0.04 ***	0.04 ***
			(0.01)	(0.01)
创新绩效顺差 * 冗余资源			0.01 *	0.00
			(0.00)	(0.00)
创新绩效逆差绝对值 * 政府补助				-0.00
				(0.01)
创新绩效顺差 * 政府补助				0.01 *
				(0.00)
冗余资源	-0.12 **	-0.12 **	-0.08	-0.08
	(0.05)	(0.05)	(0.06)	(0.06)
政府补助	-0.01	0.02	0.03	0.03
	(0.04)	(0.05)	(0.05)	(0.05)
市场化指数	-0.08 *	-0.07 *	-0.07 *	-0.07 *
	(0.04)	(0.04)	(0.04)	(0.04)
国有股权比重	0.49	0.38	0.27	0.24
	(0.40)	(0.40)	(0.40)	(0.40)
企业年龄	-0.02	-0.03	-0.02	-0.03
	(0.02)	(0.02)	(0.02)	(0.02)
企业规模	0.43 ***	0.52 ***	0.51 ***	0.52 ***
	(0.09)	(0.10)	(0.10)	(0.10)
销售利润率	0.24	0.22	0.23	0.28
	(0.28)	(0.28)	(0.28)	(0.28)
研发强度	-0.01	0.1	0.01	0.01
	(0.02)	(0.02)	(0.02)	(0.02)
年份	控制	控制	控制	控制
截距项	-9.539 ***	-11.23 ***	-11.20 ***	-11.28 ***
	(1.95)	(2.00)	(2.01)	(2.03)

注: $N=779$, *** 表示 $p\leqslant0.01$, ** 表示 $p\leqslant0.05$, * 表示 $p\leqslant0.1$,括号内数值为标准误。

第二，基于不同的比较对象，绩效反馈还包括了历史比较绩效反馈（Lin et al.，2009）。为了进一步检验本书研究结论，本研究检验了历史比较绩效反馈对产学研联盟组合规模的影响。历史比较绩效反馈是指焦点企业实际申请的专利数量和本企业历史预期申请专利数量的差值，通过赋予企业上一年度的实际申请专利数量和预期申请专利数量一定的权重，从而计算出企业现阶段的历史专利数量（Cyert et al.，1963）。企业 i 在 t 年的历史比较创新绩效反馈是根据 $t-1$ 时期的企业 i 实际创新绩效、预期创新绩效和对两者赋予的相对权重 α 计算得出的，计算公式为

$$A_t = \alpha A_{t-1} + (1-\alpha) P_{t-1} \tag{9-1}$$

在衡量系数 α 时，本研究按照 Kuusela 等学者的做法，分别选取了系数 α 为 0.25、0.5 和 0.75 进行了主效应的检验，回归结果见表 9－4。结果表明：当 α 为 0.25 时，历史比较创新绩效反馈顺差与焦点企业产学研联盟组合规模的回归系数显著为负（$\beta=-0.01, p\leqslant 0.5$）；当 α 为 0.5 时，历史比较创新绩效反馈逆差绝对值的系数显著为正（$\beta=0.02, p\leqslant 0.05$），历史比较创新绩效反馈顺差的系数显著为负（$\beta=-0.01, p\leqslant 0.05$）；当 α 为 0.75 时，历史比较创新绩效反馈逆差绝对值的系数显著为正（$\beta=0.02, p\leqslant 0.05$），历史比较创新绩效反馈顺差的系数显著为负（$\beta=-0.01, p\leqslant 0.1$），因此全部支持了相关假设，并与上文研究结论保持一致。

表 9－4　稳健性检验 2 回归结果

变量	模型 9	模型 10	模型 11	模型 12
历史比较创新绩效		0.00		
反馈逆差绝对值（α＝0.25）		(0.00)		
历史比较创新绩效		－0.01**		
顺差（α＝0.25）		(0.00)		
历史比较创新绩效反馈			0.02**	
逆差绝对值 p（α＝0.5）			(0.01)	
历史比较创新绩效			－0.01**	
顺差（α＝0.5）			(0.00)	
历史比较创新绩效反馈				0.02**
逆差绝对值（α＝0.75）				(0.01)

续表

变量	模型 9	模型 10	模型 11	模型 12
历史比较创新绩效				0.01 *
反馈顺差(α=0.75)				(0.00)
冗余资源	-0.11 **	-0.12 **	-0.12 **	-0.11 **
	(0.05)	(0.05)	(0.05)	(0.05)
政府补助	-0.01	0.00	-0.00	-0.00
	(0.05)	(0.05)	(0.05)	(0.05)
市场化指数	-0.08 *	-0.08 *	-0.07 *	-0.07 *
	(0.04)	(0.04)	(0.04)	(0.04)
国有股权比重	0.58	0.52	0.44	0.42
	(0.43)	(0.43)	(0.43)	(0.43)
企业年龄	-0.02	-0.02	-0.02	-0.02
	(0.02)	(0.02)	(0.02)	(0.02)
企业规模	0.39 ***	0.41 ***	0.41 ***	0.41 ***
	(0.10)	(0.10)	(0.10)	(0.10)
销售利润率	0.26	0.30	0.36	0.33
	(0.30)	(0.30)	(0.30)	(0.30)
研发强度	-0.02	-0.01	-0.01	-0.01
	(0.02)	(0.02)	(0.02)	(0.02)
年份	控制	控制	控制	控制
截距项	-6.78 ***	-7.19 ***	-7.18 ***	-7.14 ***
	(2.00)	(2.00)	(2.00)	(2.03)

注：$N=779$，*** 表示 $p \leqslant 0.01$，** 表示 $p \leqslant 0.05$，* 表示 $p \leqslant 0.1$，括号内数值为标准误。

五、结论及讨论

焦点企业通过构建产学研联盟组合以提升自身竞争力已成为我国情境下的普遍现象，然而尚未见研究基于有限理性视角探析影响焦点企业产学研联盟组合配置的因素。本研究基于企业行为理论和资源基础理论，通过中国医药行业2008—2017年167家上市企业的面板数据，深入剖析了绩效反馈逆差和绩效反馈顺差对产学研联盟组合规模的影响及其情境条件。研究结果表明：第一，焦点企业实际创新绩效低于预期创新绩效的程度越大，在进行产学研联盟组合配置时越倾向于扩大产学研联盟组合规模;第二,焦点企业实际创新绩效高于预期创新绩效的程度越大,在进行产学研联盟组合配置时越倾向于缩小产学研联盟组合规模;第三,组织冗余资源增强了创新绩效反馈逆差程度和产学研联盟组合规模之间的正向关系,削弱了创新绩效反馈顺差和产学研联盟组合规模之间的负向关系;第四,政府补助增强了创新绩效反馈逆差程度和产学研联盟组合规模之间的正向关系。

本研究的理论贡献主要如下:首先,拓展深化了企业行为理论的研究。本研究在企业行为理论的基础上结合资源基础理论,深入分析了创新绩效反馈对产学研联盟组合规模的影响。在探析创新绩效反馈逆差、顺差和产学研联盟组合配置之间的关系时,仅根据企业行为理论的逻辑解释焦点企业配置产学研联盟组合规模行为,欠缺对产学研联盟组建动因的深入探析,而资源基础理论可以解释这个现象。根据资源基础理论,企业是由一系列的资源组成的集合,企业通过联盟合作可以获取资源并充分利用资源(Wernerfelt, 1984),通过整合自身和他人的资源实现进一步发展,完成战略目标,实现利益最大化(Hitt et al., 2006)。产学研联盟组合规模的大小会影响企业获取资源、知识和能力的多寡和冗余度(Wassmer et al., 2017)。尽管企业行为理论和资源基础理论是不同的理论,但这两种理论之间存在一定的共同点和互相融合交叉的空间,然而这在现有的文献中并没有得到重视,整合两种理论进行研究具有很大的潜在价值(Ref et al., 2017; Pitelis, 2007)。本研究响应了 Ref 等学者的号召,结合了企业行为理论和资源基础理论对创新绩效反馈影响产学研联盟组合配置过程进行了深入的探析,从新的视角探析了影响企业配置产学研联盟组合规模的动因,有助于决策者更好地理解组织战略决策制定的过程。其次,丰富了企业行为理论在产学研联盟组合配置研究领域的应用。本研究基于企业决策者有限理性的视角,指出创新绩效反馈会影响焦点企业的产学研联盟组合规模,为影响产学研联盟组合配置的前因研究提供了新的视角。在研究影响联盟组合配置的前因时,以往研究大多基于企业决策者完全理性的视角。然而,组织管理者并非是完全理性的(Kavusan et al., 2019; Cyert et al., 1963)。基于企业行为理论,企业决策者在制定战略决策时是有限理性的,会受到获取和处理信息能力的限制,而无法搜集全部的信息并且做出最为精准的决策(Cyert et al., 1963),有限理性需要被更多地引入有关影响联盟组合配置前因变量的分析之中(Kavusan et al., 2019)。本研究在影响产学研联盟组合规模的前因分析中引入企业决策者是有限理性的前提假设,从企业行为理论的视角探析了焦点企业创新绩效反馈对产学研联盟组合规模的影响。认识到企业决策者并非完全理性能够帮助企业制定更加合理、符合企业长期发展的产学研联盟组合配置决策。最后,拓展了影响绩效反馈和产学研联盟组合配置之间关系的情境因素的相关研究。企业行为理论较少关注影响绩效反馈和组织决策间关系的情境因素,本研究将组织冗余资源和政府补助作为调节变量,为探析影响绩效反馈和联盟组合配置间关系的情境因素提供了新的思路。企业行为理论的研究中通常更关注绩效反馈和组织决策之间的关系,而往往忽视影响绩效反馈和组织战略决策之间关系的情境因素(Ref et al., 2017)。企业的内外部资源会影响焦点企业的战略决策,对处于转型情境下的中国,政府补助作为企业获取的外部资源之一,对企业具有重要作用(张志元　等,2020)。同时,研究企业拥有的内外部资源对绩效反馈和产学研联盟组合规模之间关系的影响,能够丰富影响绩效反馈和联盟组合配置之间关系情境因素的相关研究。

本研究具有鲜明的实践启示。一方面,本研究证实了创新绩效反馈对产学研联盟组合的影响及其情境条件,因此焦点企业在进行产学研联盟配置时,应根据自身的实际情形以及外部环境特征等理性选择合适规模的产学研联盟组合,以促进企业的可持续发展。另一方面,本研究表明,政府补助会影响创新绩效反馈和产学研联盟组合配置之间的关系,能增强企业参与产学研联盟的意愿,间接增加企业的产学研联盟组合规模。因此,为了推动产学研联盟的发展,相关政府部门应该加强对企业财政补贴的力度,并营造有利于企业开展创新活动的外部环境。

本研究也存在一些不足之处,这为后续研究提供了启示。第一,本研究仅探究了产学研联盟组合配置的规模维度,尚缺乏对产学研联盟组合配置其他维度的探讨。后续研究可以进一步从有限理性的视角探析创新绩效反馈对伙伴维度、关系维度产学研联盟组合配置的影响。第二,本研究缺乏对其他类型经济制度情境的研究。本研究主要关注中国特殊情境,而缺乏对不同经济制度环境下创新绩效反馈与产学研联盟组合配置之间关系的探析。因此,未来研究可以将研究背景拓展到经济制度环境不同的国家,进一步在多种经济制度背景下探究创新绩效反馈对产学研联盟组合配置的影响,从而更加深入地剖析两者之间的关系。第三,由于数据获取的限制,本研究仅使用了专利来度量创新绩效。未来研究可以使用新产品销售额比重或专利被引用次数来更精准地测度创新绩效,从而进一步检验和深化本研究结论。尽管如此,本研究开启了基于有限理性新视角来探析影响产学研联盟组合配置的研究方向。

参考文献

曹霞,宋琪,2016. 产学合作网络中企业关系势能与自主创新绩效:基于地理边界拓展的调节作用[J]. 科学学研究,34(7):1065－1075.

曹兴,李星宇,2017. 基于双元学习的联盟企业技术能力提升过程实证研究[J]. 系统工程,35(2):81－87.

陈怀超,张晶,费玉婷,2020. 制度支持是否促进了产学研协同创新?:企业吸收能力的调节作用和产学研合作紧密度的中介作用[J]. 科研管理,41(3):1－11.

陈强,2014. 高级计量经济学及 Stata 应用[M]. 北京:高等教育出版社.

陈伟,王秀锋,曲慧,等,2020. 产学研协同创新共享行为影响因素研究[J]. 管理评论,32(11):92－101.

陈志军,谢明磊,2012. 外部环境、管控程度与子公司绩效[J]. 科学学与科学技术管理,33(9):91－97.

邓路,徐睿阳,谷宇,等,2016. 管理者过度自信、海外收购及其经济后果:基于"兖州煤业"的案例研究[J]. 管理评论,28(11):252－263.

邓渝,韩炜,2018. "熟"能生"巧"吗?重复联盟与焦点企业创新的倒 U 形关系研究[J]. 研究与发展管理 ,30(2):10－20.

邓渝,邵云飞,2016. 联盟组合伙伴选择、双元组织学习与创新能力关系研究[J]. 研究与发展管理,28(6):1－9.

付丙海,谢富纪,韩雨卿,2015. 创新链资源整合,双元性创新与创新绩效:基于长三角新创企业的实证研究[J]. 中国软科学,(12):176－186.

奉小斌,郑汉忠,肖博文,等,2024. 绩效反馈对数字化战略选择的影响研究[J]. 科研管理, 45(9):43－54.

韩炜,邓渝,2018. 联盟组合的研究述评与展望:联盟组合的交互,动态与影响效应[J]. 管理评论,30(10):169－183.

黄勃,李海彤,江萍,等,2022. 战略联盟、要素流动与企业全要素生产率提升[J]. 管理世界,38(10):195 - 212.
韩炜, 刘夏青,2023. 基于"伙伴 - 资源"组合的联盟组合重构诱因研究[J]. 南开管理评论, 26(5):72 - 85.
江积海,刘风,2013. 国外联盟组合研究述评及展望[J]. 外国经济与管理,35(3):12 - 21.
焦豪,2011. 双元型组织竞争优势的构建路径:基于动态能力理论的实证研究[J]. 管理世界,(11):76 - 91.
江旭,杨薇,2021. 双元学习、联盟管理实践转移与联盟成功[J]. 管理评论,33(6):213 - 223.
雷辉,聂珊珊,2015. 权变视角下联盟组合配置战略对绩效的影响[J]. 系统工程,33(9):1 - 8.
李春发,赵乐生,2017. 组织双元性视角的产学研知识创新协同演化仿真研究[J]. 情报科学,35(12):73 - 80.
李健,金占明,2007. 战略联盟伙伴选择,竞合关系与联盟绩效研究[J]. 科学学与科学技术管理,28(11):161 - 166.
李林蔚,2016. 竞合,组织双元性与联盟企业知识生成策略[J]. 科学学研究,34(6):906 - 915.
李巍,谈丽艳,张玉利,2021. "借鸡生蛋"还是"引狼入室"?:新创企业战略联盟的效应机制研究[J]. 管理工程学报,36(2):1 - 10.
李忆,司有和,2008. 探索式创新,利用式创新与绩效:战略和环境的影响[J]. 南开管理评论,(5):4 - 12.
林亚清,赵曙明,2013. 构建高层管理团队社会网络的人力资源实践,战略柔性与企业绩效:环境不确定性的调节作用[J]. 南开管理评论,16(2):4 - 15.
林钟高,郑军,卜继栓,2015. 环境不确定性、多元化经营与资本成本[J]. 会计研究,(2):36 - 43.
刘柏,梁超,2016. 管理者层级差异的过度自信对企业投资决策的影响研究[J]. 管理学报,13(11):1614 - 1625.
刘端,王竹青,2017. 不同市场竞争条件下客户关系集中度对企业现金持有的影响:基于中国制造业上市公司的实证[J]. 管理评论,29(4):181 - 195.
刘志迎,付丽华,马朝良,等,(2017. 基于 Meta 分析的创新二元性与企业绩效关系研究[J]. 科学学与科学技术管理,38(6):171 – 180.

鲁若愚,周阳,丁奕文,等,2021. 企业创新网络:溯源、演化与研究展望[J]. 管理世界,37(1):217 – 233.

吕迪伟,蓝海林,陈伟宏,2018. 绩效反馈的不一致性与研发强度的关系研究[J]. 南开管理评论,21(4):52 – 63.

吕峰,梁琬瞳,张峰,2018. 效率还是效果:复杂环境下企业创新的权衡[J]. 南开管理评论,21(5):190 – 201.

马丽,邵云飞,2019. 二次创新中组织学习平衡与联盟组合网络匹配对技术能力的影响:京东方 1993—2018 年纵向案例研究[J]. 管理学报,16(6):810 – 825.

孟卫东,杨伟明,2018. 联盟组合中资源整合,双元合作与焦点企业绩效关系研究[J]. 科学学与科学技术管理,39(2):85 – 94.

彭伟,符正平,2011. 国外联盟研究脉络梳理与未来展望[J]. 外国经济与管理,33(12):49 – 57.

彭新敏,吴晓波,吴东,2011. 基于二次创新动态过程的企业网络与组织学习平衡模式演化:海天 1971—2010 年纵向案例研究[J]. 管理世界,(4):138 – 149.

彭珍珍, 顾颖, 张洁,2020. 动态环境下联盟竞合、治理机制与创新绩效的关系研究[J]. 管理世界, 36(3):205 – 220.

乔朋华,周阳,李小青,2017. CEO 自恋,研发投资与企业价值[J]. 科技进步与对策,36(15):100 – 106.

饶育蕾,贾文静,2011. 影响 CEO 过度自信的因素分析:来自我国上市公司的经验证据[J]. 管理学报,8(8):1162 – 1174.

申慧慧,于鹏,吴联生,2012. 国有股权,环境不确定性与投资效率[J]. 经济研究,7(11):3 – 13.

邵记友, 杨忠, 张骁,2024. 领军企业创新链中联盟组合的构建机制研究:以华为 5G 技术研发为例[J]. 管理学报, (4).

唐国华,孟丁,2015. 环境不确定性对开放式技术创新战略的影响[J]. 科研管理,(5):21 – 28.

唐跃军,左晶晶,李汇东,2014. 制度环境变迁对公司慈善行为的影响机制研究[J]. 经济研究,49(2):61 – 73.

王超发,杨德林,2021. 期望绩效反馈效果对企业投资价值的影响:R&D 创新方式和市场竞争的情境效应[J]. 系统管理学报,30(6):1168 – 1176.

王铁男,王宇,赵凤,2017. 环境因素、CEO 过度自信与 IT 投资绩效[J]. 管理世界,(9):116-128.

王笑言,王节祥,蔡宁,2016. 联盟组合的形成机理研究:前景理论视角[J]. 科学学研究,34(3):395-403.

王笑言,2015. 联盟组合的形成机制与绩效影响研究[D]. 杭州:浙江大学.

王钰莹,原长弘,张树满,2021. 从合作迈向融合:民营企业产学研联盟组合多样性[J]. 科学学研究,39(7): 1257-1266.

武立东,江津,王凯,2016. 董事会成员地位差异、环境不确定性与企业投资行为[J]. 管理科学,29(2):52-65.

吴言波, 邵云飞, 殷俊杰,2021. 战略联盟双元性对合作创新绩效的影响:一个有调节的中介效应[J]. 科技进步与对策, 38(2):1-10.

吴言波, 邵云飞,2020. 战略联盟技术多元性对焦点企业突破性创新的影响及机制研究[J]. 研究与发展管理, 32(3):100-110.

熊名宁,汪涛,赵鹏,等,2020. 文化距离如何影响跨国战略联盟的形成:基于交易成本视角的解释[J]. 南开管理评论,23(5):145-158.

徐欣,刘梦冉,2020. 产学研联盟与企业技术多元化:基于发明专利 IPC 信息的研究[J]. 科学学研究,38(10):1858-1867.

杨伟明,孟卫东,2018. 联盟组合管理、合作模式与企业绩效[J]. 外国经济与管理,(7):32-43.

杨晔,刘冰毅,杜衡,2024. “亲近”还是“疏远”?:联合投资伙伴的社会期望绩效反馈与联合风险投资关系[J]. 管理工程学报,38(1):128-144.

杨治,肖晶,2023. 绩效反馈理论演进脉络与研究展望[J]. 管理学报,20(10): 1565-1578.

杨卓尔,高山行,曾楠,2016. 战略柔性对探索性创新与应用性创新的影响:环境不确定性的调节作用[J]. 科研管理,37(1):1-10.

于长宏,原毅军,2018. 管理者过度自信与企业创新战略选择[J]. 系统工程学报,33(2):175-181.

余明桂,李文贵,潘红波,2013. 管理者过度自信与企业风险承担[J]. 金融研究,(1):149-163.

余明桂,潘红波,2008. 政治关系、制度环境与民营企业银行贷款[J]. 管理世界,(8): 9-21.

余明桂,夏新平,邹振松,2006. 管理者过度自信与企业激进负债行为[J]. 管理世界,(8):104 -112.

原长弘,张树满,2019. 以企业为主体的产学研协同创新:管理框架构建[J]. 科研管理,40(10):184 -192.

原长弘,章芬,高金燕,2015. 产学研战略联盟与企业原始创新能力[J]. 研究与发展管理,27(6):29 -39.

詹坤,邵云飞,唐小我,2017. 联盟组合网络特征对创新能力影响的实证研究[J]. 科学学研究,35(12):1910 -1920.

詹坤,邵云飞,唐小我,2019. 联盟组合的形成与价值实现路径[J]. 科技管理研究,39(7):206 -214.

张春雨,郭韬,刘洪德,2018. 网络嵌入对技术创业企业商业模式创新的影响[J]. 科学学研究,36(1):167 -175.

张丹妮,刘春林,刘夏怡,2022. 期望绩效反馈与企业风险决策关系研究:企业行为理论与代理理论的整合视角[J]. 研究与发展管理,34(1):133 -145.

张光曦,2013. 如何在联盟组合中管理地位与结构洞?:MOA 模型的视角[J]. 管理世界,(11):89 -100.

张明,蓝海林,曾萍,2019. 管理者过度自信:研究述评与展望[J]. 外国经济与管理,(2):17 -29.

张树满,原长弘,韩晨,2021. 产学研联盟组合伙伴多样性与企业创新绩效:经营环境与国有股权的调节作用[J]. 管理工程学报,35(4):51 -60.

张远飞,贺小刚,连燕玲,2013. "富则思安"吗?:基于中国民营上市公司的实证分析[J]. 管理世界,(7):130 -144.

张运生, 杨汇,2020. 专利池激励或遏制不同网络位置企业创新的差异化效应研究[J]. 管理学报, 17(2):243 -250.

张志元,马永凡,张梁,2020. 供给侧改革视角的政府补助与企业创新[J]. 科研管理,41(8):85 -94.

周佳,陈劲,梅亮,2017. 联盟组合:源起,研究前沿和理论框架[J]. 外国经济与管理,39(6):83 -97.

ANSOFF I H, 1979. Strategic management[M]. London:Palgrave Macmillan UK.

AUDIA P G, BRION S, 2007. Reluctant to change: self-enhancing responses to diverging performance measures[J]. Organizational Behavior and Human Decision

Processes, 102(2):255 -269.

AUDIA P G, GREVE H R, 2006. Less likely to fail: low performance, firm size, and factory expansion in the shipbuilding industry[J]. Management Science, 52(1): 83 -94.

BARNEY J, 1991. Firm resources and sustained competitive advantage[J]. Journal of Management, 17(1):99 -120.

BAUM J A C, ROWLEY T J, SHIPILOV A V, et al., 2005. Dancing with strangers: aspiration performance and the search for underwriting syndicate partners[J]. Administrative Science Quarterly, 50(4):536 -575.

BOLLAERT H, PETIT V, 2010. Beyond the dark side of executive psychology: current research and new directions[J]. European Management Journal, 28(5): 362 -376.

BOS B, FAEMS D, NOSELEIT F, 2017. Alliance concentration in multinational companies: examining alliance portfolios, firm structure, and firm performance[J]. Strategic Management Journal, 38(11):2298 -2309.

CAMERER C, LOVALLO D, 1999. Overconfidence and excess entry: an experimental approach[J]. American Economic Review, 89(1):306 -318.

CHATTERJEE A, HAMBRICK D C, 2011. Executive personality, capability cues, and risk taking: how narcissistic CEOs react to their successes and stumbles[J]. Administrative Science Quarterly, 56(2):202 -237.

CHATTERJEE A, HAMBRICK D C, 2007. It's all about me: narcissistic chief executive officers and their effects on company strategy and performance[J]. Administrative Science Quarterly, 52(3):351 -386.

CHEN S S, HO K Y, HO P H, 2014. CEO overconfidence and long-term performance following R&D increases[J]. Financial Management, 43(2):245 -269.

CHEN W R, MILLER K D, 2007. Situational and institutional determinants of firms' R&D search intensity[J]. Strategic Management Journal, 28(4):369 -381.

CHIAMBARETTO P, WASSMER U, 2019. Resource utilization as an internal driver of alliance portfolio evolution: the qatar airways case (1993—2010)[J]. Long Range Planning, 52(1):51 -71.

CHOI S, MCNAMARA G, 2018. Repeating a familiar pattern in a new way: the effect of exploitation and exploration on knowledge leverage behaviors in technology acquisitions[J]. Strategic Management Journal, 39(2):356 -378.

CHUNG S, SINGH H, LEE K, 2000. Complementarity, status similarity and social capital as drivers of alliance formation[J]. Strategic Management Journal, 21(1): 1 -22.

COHEN S L, BINGHAM C B, HALLEN B L, 2019. The role of accelerator designs in mitigating bounded rationality in new ventures [J]. Administrative Science Quarterly, 64(4):810 -854.

CYERT R M, MARCH J G, 1963. A behavioral theory of the firm[M]. Englewood Cliffs, New Jersey: Prentice Hall.

DØJBAK, HÅKONSSON D, ESKILDSEN J K, ARGOTE L, et al., 2016. Exploration versus exploitation: emotions and performance as antecedents and consequences of team decisions[J]. Strategic Management Journal, 37(6):985 -1001.

DYER J H, NOBEOKA K, 2000. Creating and managing a high-performance knowledge-sharing network: the Toyota case[J]. Strategic Management Journal, 21(3):345 -367.

FAEMS D, VAN L B, DEBACKERE K, 2005. Interorganizational collaboration and innovation: toward a portfolio approach [J]. Journal of Product Innovation Management, 22(3):238 -250.

FORBES D P, 2005. Are some entrepreneurs more overconfident than others? [J] Journal of Business Venturing, 20(5):623 -640.

FU R, TANG Y, CHEN G, 2020. Chief sustainability officers and corporate social (ir)responsibility[J]. Strategic Management Journal, 41:656 -680.

GABA V, JOSEPH J, 2013. Corporate structure and performance feedback: aspirations and adaptation in M-form firms[J]. Organization Science, 24(4):1102 -1119.

GALASSO A, SIMCOE T S, 2011. CEO overconfidence and innovation [J]. Management Science, 57(8):1469 -1484.

GILSING V, NOOTEBOOM B, VANHAVERBEKE W, DUYSTERS G, VAN DEN OORD A, 2008. Network embeddedness and the exploration of novel technologies: technological distance, betweenness centrality and density[J]. Research Policy, 37(10):1717 -1731.

GREVE H R, 1998. Performance, aspirations and risky organizational change[J]. Administrative Science Quarterly, 43(1):58 -86.

HAGEDOORN J, DUYSTERS G, 2002. Learning in dynamic inter-firm networks: the efficacy of multiple contacts[J]. Organization Studies, 23(4):525 -548.

HAKONSSON D D, ESKILDSEN J K, ARGOTE L, et al. , 2016. Exploration versus exploitation: emotions and performance as antecedents and consequences of team decisions[J]. Strategic Management Journal, 37(6):985 -1001.

HAMBRICK D C, MASON P A, 1984. Upper echelons: the organization as a reflection of its top managers[J]. Academy of Management Review, 9(2):193 -206.

HANNAN M T, FREEMAN J, 1984. Structural inertia and organizational change[J]. American Sociological Review,49(2):149 -164.

HAO B, FENG Y, 2018. Leveraging learning forces in asymmetric alliances: small firms' perceived power imbalance in driving exploration and exploitation [J]. Technovation, 78:27 -39.

HARRISON J S, HITT M A, HOSKISSON R E, IRELAND R D, 2001. Resource complementarity in business combinations: extending the logic to organizational alliances[J]. Journal of Management, 27(6):679 -690.

HE Z L, WONG P K, 2004. Exploration VS. exploitation: an empirical test of the ambidexterity hypothesis[J]. Organization Science, 15(4):481 -494.

HOANG H, ROTHAERMEL F T, 2016. How to manage alliances strategically[J]. MIT Sloan Management Review, 58(1):69.

HOEHN-WEISS M N, KARIM S, LEE C H, 2017. Examining alliance portfolios beyond the dyads: the relevance of redundancy and nonuniformity across and between partners[J]. Organization Science, 28(1):56 -73.

HRIBAR P, YANG H, 2016. CEO overconfidence and management forecasting[J]. Contemporary Accounting Research, 33(1):204 -227.

HUANG K F, YU C M J, 2011. The effect of competitive and non-competitive R&D collaboration on firm innovation[J]. The Journal of Technology Transfer, 36(4): 383 -403.

IYER D N, MILLER K D, 2008. Performance feedback, slack, and the timing of acquisitions[J]. Academy of Management Journal, 51(4):808 -822.

JIANG G F, HOLBURN G L F, 2018. Organizational performance feedback effects and international expansion[J]. Journal of Business Research, 90:48 – 58.

KASHMIRI S, NICOL C D, ARORA S, 2017. Me, myself, and I: influence of CEO narcissism on firms' innovation strategy and the likelihood of product-harm crises [J]. Journal of the Academy of Marketing Science, 45(5):633 – 656.

KATILA R, AHUJA G, 2002. Something old, something new: a longitudinal study of search behavior and new product introduction [J]. Academy of Management Journal, 45(6): 1183 – 1194.

KAVUSAN K, FRANKORT H T, 2019. A behavioral theory of alliance portfolio reconfiguration: evidence from pharmaceutical biotechnology [J]. Strategic Management Journal, 40(10):1668 – 1702.

KIM J Y, FINKELSTEIN S, HALEBLIAN J, 2015. All aspirations are not created equal: the differential effects of historical and social aspirations on acquisition behavior[J]. Academy of Management Journal, 58(5):1361 – 1388.

KLUETER T, MONTEIRO F, 2017. How does performance feedback affect boundary spanning in multinational corporations? Insights from technology scouts[J]. Journal of Management Studies, 54(4):483 – 510.

KOKA B R, PRESCOTT J E, 2008. Designing alliance networks: the influence of network position, environmental change, and strategy on firm performance[J]. Strategic Management Journal, 29(6):639 – 661.

KUUSELA P, KEIL T, MAULA M, 2017. Driven by aspirations, but in what direction? Performance shortfalls, slack resources, and resource-consuming VS. resource-freeing organizational change[J]. Strategic Management Journal, 38(5): 1101 – 1120.

LANT T K, MILLIKEN F J, BATRA B, 1992. The role of managerial learning and interpretation in strategic persistence and reorientation: an empirical exploration [J]. Strategic Management Journal, 13(8):585 – 608.

LAVIE D, ROSENKOPF L, 2006. Balancing exploration and exploitation in alliance formation[J]. Academy of Management Journal, 49(4):797 – 818.

LAVIE D, 2006. The competitive advantage of interconnected firms: an extension of the resource-based view[J]. Academy of Management Review, 31(3):638 – 658.

LENZ R T, ENGLEDOW J L, 1986. Environmental analysis: the applicability of current theory[J]. Strategic Management Journal, 7(4):329 -346.

LEVINTHAL D, MARCH J G, 1981. A model of adaptive organizational search[J]. Journal of Economic Behavior & Organization, 2(4):307 -333.

LEVINTHAL D A, MARCH J G, 1993. The myopia of learning [J]. Strategic Management Journal, 14:95 -112.

LEVITT B, MARCH J G, 1988 [J]. Organizational learning. Annual Review of Sociology, 14(1):319 -338.

LI J, TANG Y, 2013. The social influence of executive hubris[J]. Management International Review, 53(1):83 -107.

LIM E N K, MCCANN B T, 2014. Performance feedback and firm risk taking: the moderating effects of CEO and outside director stock options [J]. Organization Science, 25(1):262 -282.

LUCAS G J M, KNOBEN J, MEEUS M T H, 2018. Contradictory yet coherent? Inconsistency in performance feedback and R&D investment change[J]. Journal of Management, 44(2):658 -681.

LUNGEANU R, STERN I, ZAJAC E J, 2016. When do firms change technology-sourcing vehicles? The role of poor innovative performance and financial slack[J]. Strategic Management Journal, 37(5):855 -869.

MALMENDIER U, TATE G, 2008. Who makes acquisitions? CEO overconfidence and the market's reaction[J]. Journal of Financial Economics, 89(1):20 -43.

MARCH J G, 1991. Exploration and exploitation in organizational learning [J]. Organization Science, 2(1):71 -87.

MISHINA Y, DYKES B J, BLOCK E S, et al., 2010. Why "good" firms do bad things: the effects of high aspirations, high expectations, and prominence on the incidence of corporate illegality [J]. Academy of Management Journal, 53 (4): 701 -722.

MOORE D A, HEALY P J, 2008. The trouble with overconfidence[J]. Psychological Review, 115(2):502.

NELSON R R, WINTER S, 1982. An evolutionary theory of economic change[J]. Administrative Science Quarterly, 32(2):315 -318.

PAREDES T A, 2004. Too much pay, too much deference: behavioral corporate finance, CEOs, and corporate governance [J]. Florida State University Law Review, 32:673.

PAVIĆEVIĆ, S, KEIL T, 2021. The role of procedural rationality in debiasing acquisition decisions of overconfident CEOs[J]. Strategic Management Journal, 42(9):1696 – 1715.

REF O, SHAPIRA Z, 2017. Entering new markets: the effect of performance feedback near aspiration and well below and above it[J]. Strategic Management Journal, 38(7):1416 – 1434.

RUDY B C, JOHNSON A F, 2016. Performance, aspirations, and market versus nonmarket investment[J]. Journal of Management, 42(4):936 – 959.

SCHILLEBEECKX S J D, CHATURVEDI S, GEORGE G., et al., 2016. What do I want? The effects of individual aspiration and relational capability on collaboration preferences[J]. Strategic Management Journal, 37(7):1493 – 1506.

SCHUMACHER C, KECK S, TANG W, 2020. Biased interpretation of performance feedback: the role of CEO overconfidence[J]. Strategic Management Journal, 41(6):1139 – 1165.

SHAPIRO C, CARL S, VARIAN H R, 1998. Information rules: a strategic guide to the network economy[M]. Boston: Harvard Business Press.

SHINKLE G A, 2012. Organizational aspirations, reference points, and goals: building on the past and aiming for the future[J]. Journal of Management, 38(1): 415 – 455.

SIMON H, MARCH J G, 1958. Organization [M]. Cambridge, Ma: Blackwell Business.

SUN B, LO Y J, 2014. Achieving alliance ambidexterity through managing paradoxes of cooperation: a new theoretical framework [J]. European Journal of Innovation Management, 17(2):144 – 165.

TANG Y, LI J, YANG H, 2015. What I see, what I do: how executive hubris affects firm innovation[J]. Journal of Management, 41(6):1698 – 1723.

TIWANA A, 2008. Do bridging ties complement strong ties? An empirical examination of alliance ambidexterity[J]. Strategic Management Journal, 29(3):251 –272.

TYLER B B, CANER T, 2016. New product introductions below aspirations, slack and R&D alliances: a behavioral perspective[J]. Strategic Management Journal, 37(5):896 –910.

WALD A, 1943. Tests of statistical hypotheses concerning several parameters when the number of observations is large[J]. Transactions of the American Mathematical Society, 54(3):426 –482.

WASSMER U, LI S, MADHOK A, 2017. Resource ambidexterity through alliance portfolios and firm performance[J]. Strategic Management Journal, 38(2):384 –394.

WASSMER U, 2010. Alliance portfolios: a review and research agenda[J]. Journal of Management, 36(1):141 –171.

WEBER C E, CHAHABADI D, MAURER I, 2020. Antecedents and performance effect of managerial misperception of institutional differences[J]. Journal of World Business, 55(1):1 –14.

WIKLUND J, SHEPHERD D, 2003. Aspiring for, and achieving growth: the moderating role of resources and opportunities[J]. Journal of Management Studies, 40(8):1919 –1941.

WONG Y J, LEE C Y, CHANG S C, 2017. CEO overconfidence and ambidextrous innovation[J]. Journal of Leadership & Organizational Studies, 24(3):414 –430.

YANG H, ZHENG Y, ZHAO X, 2014. Exploration or exploitation? Small firms' alliance strategies with large firms[J]. Strategic Management Journal, 35(1):146 –157.

YANG H, 2011. Behind acquisitions of alliance partners: exploratory learning and network embeddedness[J]. Academy of Management Journal, 54(5):1069 –1080.

YANG X, 2020. Coopetition for innovation in R&D consortia: moderating roles of size disparity and formal interaction[J]. Asia Pacific Journal of Management, 39:79 –102.

ZHANG S, HAN C, CHEN C, 2022. Repeated partnerships in university-industry collaboration portfolios and firm innovation performance: roles of absorptive capacity and political connections[J]. R&D Management, 52(5):838 –853.

ZHANG F, YANG X, YUAN C, FAN W, 2024. Boundedly rational decisions on exploration versus exploitation in alliance portfolios: problemistic and slack searches under CEO overconfidence[J]. British Journal of Management, 1 – 22.

ZHANG S, YUAN C, HAN C, 2020. Industry-university-research alliance portfolio size and firm performance: the contingent role of political connections[J]. Journal of Technology Transfer, 45(5): 1505 – 1534.